마.음
극.장

마.음
극.장

주혜주 지음

나와 당신의 마음이 만나는 곳

인물과
사상사

프롤로그

미국 영화배우 잭 니컬슨은 영화 〈뻐꾸기 둥지 위로 날아간 새〉로 아카데미 남우 주연상을 거머쥐고 일약 톱스타로 부상했다. 그 영화를 처음 본 것은 정신과 병동에서 수간호사로 근무하고 있을 때였다. 미국의 한 정신 병원이 무대인 이 영화는 환자들을 억압하고 통제하는 수간호사와 그녀가 만들어내는 공포 분위기에서 마음의 상처를 꽁꽁 싸맨 채 하루하루 무기력하게 살아가는 환자들을 그리고 있다. 무려 15년이란 세월을 정신과 병동 수간호사로 지낸 나로서는 비합리적 권위의 상징인 수간호사 래치드와 정신과 병동을 보며 내내 마음이 불편했다.

본디 뻐꾸기는 자신의 둥지를 짓지 않고 다른 새의 둥지에 알을 낳아 자기 새끼를 위탁한다. 말하자면 '뻐꾸기 둥지'란 존재하지 않는다. 영화 제목 속의 뻐꾸기 둥지란 정신과 병동을 지칭한다.

몇 년 후 다시 그 영화를 보면서, 불쑥 내가 몸담고 지냈던 우리의 '뻐꾸기 둥지'를 세상에 알리고 싶다는 생각이 들었다. 여전히 정신과 폐쇄 병동은 세상 사람들이 좀처럼 들어가보기 힘든 곳이기 때문이다.

그렇기에 『마음 극장』 1부에서는 정신과 병동의 환경과 그곳에서 이루어지는 활동을 소개했다. 물론 이 책에 그린 내용이 모든 정신과 병동의 모습은 아니다. 하지만 그곳이 우리네 삶의 터전과 전혀 다른 별개의 세상이 아니라, 환자들의 안전을 좀더 세심하게 고려하면서 동시에 인권을 존중하기 위해 최선을 다하는 곳임을 알리고 싶었다. 더 나아가 환자들의 건강한 모습을 찾아내 약물 치료 못지않게 병의 호전에 도움을 주는 다양한 치료 활동을 소개했다.

『마음 극장』은 정신 질환의 진단과 치료에 대해 전문적 또는 구체적으로 설명하는 책은 아니다. 그보다는 실제 있었던 사례를 통해 정신과적 증상이 병동 밖에 사는 우리에게도 어떻게 나타나는지, 또한 일상생활에서 어떻게 대처해야 하는지 2부에서 나름대로 정리해보았다. 마지막으로 3부에서는 정신과라는 독특한 곳에서 환자들을 돕겠다는 열정으로 고락을 같이하던 동료 간호사들과 의사들의 이야기를 소개했다.

얼마 전 여전히 우리 사회가 얼마나 정신 질환에 대해 무지하고 정신 질환자와 그 가족을 꺼리는지 생생하게 경험하며 그만 머릿속이 멍해진 적이 있다.

학생들이 실습 나가는 정신 병원에 급하게 서류를 전달할 일이 있었다. 이리저리 방법을 찾던 중 마침 학과 사무실에 근무하고 있는 다른 과 인턴 학생이 그 병원 가까이에 살고 있음을 알게 되었다. 반가운 마음에 학생에게 병원 입구 수위실에 서류를 맡겨달라고 부탁했다. 그러자 학생이 굳은 얼굴로 고개를 절레절레 내저으며 싫다는 것이었다. 뭔가 이상한 낌새에, 병원 안으로 들어가라는 게 아니라 입구에 있는 수위실에 맡겨달라고 반복했지만 학생은 완강하게 거부했다. 그러면서 덧붙이는 말이, 자기뿐 아니라 자기네 가족은 물론 많은 동네 사람이 그 병원 골목길조차 절대 가지 않는다는 것이었다. 그 학생의 반응은 실로 큰 충격이었다. 정신 질환에 대한 우리 사회의 편견과 낙인이 얼마나 심한지, 그로 인해 정신 질환자와 가족으로 살아가는 이들이 겪어야 할 소외감과 고통의 무게가 어느 정도인지 다시 한 번 절절하게 느낄 수 있었다.

고대에는 정신 질환이 있는 사람을 신비스럽게 생각했던 반면, 중세에는 마녀사냥을 통해 환자들을 핍박했다. 그리고 근대에 이르러 과학이 발달하면서 정신 질환은 유전과 환경의 영향 아래 뇌 기능에 문제가 생긴 것으로 보고 있다.

정신 상태에 대해 진단을 내리는 목적은 한 개인을 좀더 잘 이해하고, 그가 지니고 있는 잠재력을 충분히 발휘하는 데 전문적인 도움이 필요한지를 판단하기 위함이다. 특히 정상과 비정상을 가리는 것은 불가능하며 동시에 위험천만한 일이다. 이에 대해 독일 정신과 의사인 만프레트 루츠는 『위험한 정신의 지도』라는 저서에서 "정상과 비정상의 절대적 기준은 존재하지 않는다"라고 역설했다. 또한 정상인가 비정상인가를 나누려는 이분법적인 사고를 가지기보다 열린 마음으로 유연한 사고를 지녀야 한다고 주장했다.

사실 정신과 병동에 있는 환자들만 치료가 필요한 건 아니다. '치료가 필요한' 더 많은 정상인이 거리를 활보하고 있는 게 우리 현실이다. 부족한 글이지만 부디 이 책을 통해 정신 질환에 대한 편견과 오해가 조금이라도 해소되었으면 한다. 더 나아가 도움이 필요하지만 망설이는 이들이 용기를 내 도움을 구하는 데 일조하기 바란다.

무식이 용감하다고, 글 솜씨가 뛰어난 동료들보다 글발이 유려하지 않은 내가 먼저 펜을 들었다. 극성스런 수간호사와 더불어 웃음과 어려움을 같이 겪어냈던 옛 동료들에게 다시 한 번 지면을 통해 감사의 마음을 전한다. 이 글이 나오기까지 조언과 격려를 아끼지 않았던 수많은 지인들께도 감사의 말씀을 드린다. 왕가포녀(王가정이 포기한 여자)인 엄마를 두었기에 애정 결핍의 성장기를 지냈음에도 잘 자라준 두 딸 민지와 민하에게 미안함과 동시에 감사함을 전한다. 무엇보다 30여 년 넘게 목소리 큰 마누라를 견뎌주고 칭찬과 격려를 아끼지 않는 남편에게 감사한다. 마지막으로 글을 쓰는 내내 카를 융이 '일치성' 또는 '동시성'이라고 정의한 기적을 엄청나게 선물해주신 하나님께 감사하다.

『마음 극장』에 힘입어 '뻐꾸기 둥지'에 대한 다양한 책이 쏟아져나와 '그들'이 바로 '우리'임을 깨닫는 날이 앞당겨졌으면 하는 바람이다.

2014년 2월

주혜주

CONTENTS

PART 2

마음 극장의
배우를
소개합니다

PART 3

마음 극장의
스태프를
소개합니다

PART 1

마음/ 극장에/ 초대합니다

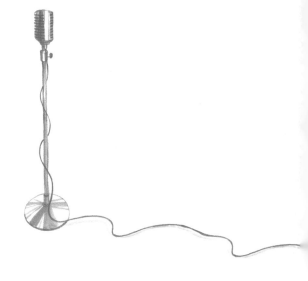

본능은

가둘 수

없다

보호가 필요한 환자들을 지켜주는 동시에 환자들에게는 제약의 표징이었을 병동 문. 그리고 불가분의 관계인 열쇠. 정신과 폐쇄 병동의 필수품인 열쇠는 구닥다리 스테인리스 열쇠든 최신식 지문 키든 일 년 365일 무탈하게 병동을 지키는 데는 무리인가보다.

면회 왔던 보호자에게 병동 문을 열어주려고 나갔던 보호사가 다급한 목소리로 외쳤다. 어이쿠, 열쇠 고친 지 한 달밖에 안 됐건만……. 그만 머릿속이 어지럽기 시작했다.

요즈음은 정신과 병동이 폐쇄 병동 외에도 개방 병동, 낮 병동으로 나뉘어 있지만, 1990년대만 해도 정신과 병동은 대부분 폐쇄 병동이었다. 폐쇄 병동이란 급성기 증상과 관련해 자신이나 타인에게 위해를 가할 위험이 있는 환자들이 보호와 더불어 치료를 받는 병동이다. 폐쇄 병동이니만큼 말 그대로 병동으로 들어가는 문을 늘 잠그고 있다가 필요할 때만 여닫는다.

문이 닫혀 있으니 출입을 하려면 당연히 열쇠가 필요하다. 내가 근무할 당시만 해도 병동 문을 열기 위해 전형적인 스테인리스 열쇠를 사용했다. 사람들이 드나들 때마다 일일이 열쇠를 사용하는 것이 번거로워, 간호사실에서 작동해 병동 문을 자동으로 열고 닫는 방법을 적극 검토하기도 했다. 그러나 현실적이지 않았다. 문이 자동으로 열리는 틈을 이용해 출입문 근처에 있던 환자가 잽싸게 문밖으로 나가는 것을 막을 수 없었기 때문이다.

하는 수 없이 전통적인 방법인 스테인리스 열쇠를 사용할 수밖에 없었다. 그러나 수도 없이 문을 여닫으니 열쇠가 닳아서 배겨나지 못했다. 병원에서는 국산보다 훨씬 튼튼하다며 외제 열쇠를 구해주었다. 그러나 그것도 한 달 남짓 사용하면 고장 나기 일쑤였다. 열쇠가 고장 나면 치료진 중 한 사람이 병동 출입문에 의자를 놓고 앉아서 꼼짝없이 지켜야 하니 불편이 이만저만이 아니었다.

고장 난 문 앞에 앉아 있는 시간이 따분해 보일 수도 있지만 때론 이런저런 생각을 할 수 있는 기회이기도 했다. 나에게는 우리가 수시로 열고 다니는 문에 대해서 생각을 정리하는 계기가 되었다.

문은 한 공간과 다른 공간을 구분 짓는 경계이자 공간을 이어주는 소통의 기능을 갖고 있다. 문이 있다는 것은 특정한 사람만이 출입할 수 있음을 뜻하며, 때로는 출입 가능 여부에 따라 신분이 구분되기도 한다. 그런 점에서 본다면 정신과 병동의 문은 환자들을 보호하는 동시에, 환자들을 격리함으로써 다른 사람들을 보호하기 위해 존재하는 게 아닐까 싶다.

경우에 따라서는 문을 경계로 문 안 또는 문밖으로 강제 인도가 이루어지기도 한다. 자신이 원하지 않는데 입원하게 되는 환자들로서는 강제로 병동 문 안으로 인도되는 것이다. 그 결과 문을 통해 문밖의 공간으로 가려는 필사적인 행동을 하기도 한다.

실제로 병동에서는 밖으로 나가고 싶어서 주야장천 출입문 앞에 서 있는 환자도 있고, 모처럼의 기회를 이용해 실제로 병동을 무사히 벗어나는 데 성공하는 환자도 있다. 그러니 치료자로서는 임의로 병동을 벗어난 환자가 없는지 늘 빈틈없이 관찰해야 했다. 더욱이 병동을 벗어나 집으로 가는 대부분의 환자들과 달리, 아주 드물긴 하지만 사고로 이어지는 경우도 있기 때문에 긴장의 끈을 늦출 수 없었다.

환자들이 병동에서 벗어나는 경로는 다양했다. 그중에서도 병동 출입문이 열리는 순간을 이용하는 경우가 많았다. 병동 문 앞에 내내 서 있다가 밖에서 아무런 경계심 없이 들어오는 사람을 밀치고 나가기도 했고, 음식이 담긴 식기들로 가득 차 있어 속도가 느릴 수밖에 없는 식당차가 들어올 때 잽싸게 병동 밖으로 나가기도 했다.

이렇게 기회가 될 때마다 병동에서 필사적으로 벗어나려고 애쓰는 환자들을 보면 영화 〈빠삐용〉이나 〈쇼생크 탈출〉이 생각났다. 영화의 주인공들이 보여주는, 포기할 수 없는 자유에 대한 본능과 그 자유를 향한 굳센 실천 의지를 통해 우리 내면에 면면히 흐르고 있는 자유 의지를 확인한다.

여러 차례 참혹한 벌을 받으면서도 거듭 탈출을 시도하는 빠삐용. 열악하고 야만적인 감옥에서 하나둘씩 죽어가는 동료들을 보면서도 자유를 향한 갈망을 버리지 않은 그는 마침내 아무도 탈출할 수 없다고 알려진 감옥 '악마의 섬'에서 탈출하는 데 성공한다.

영화 〈쇼생크 탈출〉에서도 주인공 앤디가 치밀한 계획 아래 상상을 초월한 방법으로 19년의 감옥 생활을 청산하고 탈옥에 성공하는 장면은 마치 내가 그 자유를 획득한 주인공이라도 된 양 통쾌하기 그지없다.

프랑스의 실존주의 철학자이자 작가인 장 폴 사르트르의 "인간은 자유다. 인간은 자유 그 자체다"라는 말이나 존 밀턴의 "아무것도 모르는 사람이라도 선천적으로 자유롭게 태어났다는 것을 부인할 만큼 어리석을 수 있는 사람은 없다"라는 말을 비롯한 수많은 명언에서도 인간에게는 자유 추구에 대한 절체절명의 의지가 있음을 엿볼 수 있다.

그러나 모든 사람에게 자유에 대한 갈망이 똑같이 존재하고 똑같은 양상으로 표출되는지는 의문이다. 〈빠삐용〉에서는 같이 떠나자는 빠삐용의 제안을 받아들이지 못하고, 탈출하는 빠삐용을 바라볼 뿐 자신은 자유를 포기한 채 섬에 남기를 선택한 드가가 나온다. 〈쇼생크 탈출〉에서 주인공 앤디와 친하게 지내던 레드는 가석방으로 40년의 감옥 생활을 끝내고 드디어 자유의 몸이 되었지만, 오히려 자유로운 사회에서 무력감을 느끼고 죽음까지 생각한다. 자신을 가두고 있던 높고 두터운 감옥 담장의 부재는 그를 불안하고 무기력하게 만들어 그는 오히려 높은 담장을 그리워하는 지경에까지 이른다. "처음에는 저 높은 담이 부담스럽지만 어느 순간 오히려 저 담이 있기에 평온함을 얻게 되지"라는 대사에서 그런 그의 마음이 그대로 드러난다.

병동 풍경도 마찬가지다. 입원 기간 동안 무려 일곱 번이나 병동에서 탈출했던 남자 환자가 있는가 하면, 문이 열려 있어도 전혀 나가려 하지 않고 오히려 간호사실에 와서 문이 열려 있다고 알려주는 환자도 있다. 기회만 되면 병동 밖으로 나가던 환자의 심정은, 억울하게 갇힌 감옥에서 탈출하려고 필사적으로 노력하던 영화 주인공들의 심정과 같았을까? 또 문이 열려 있어도 전혀 나갈 생각을 하지 않던 환자의 마음은, 주어진 환경에 안주하기를 원했던 드가나 레드의 마음과 같았을까?

세월이 많이 흘러 지금은 정신과 폐쇄 병동의 문이 지문 키로 바뀌었다. SF 영화에서나 보던 대로 지문 키로 대치된 것이다. 스테인리스 열쇠 대신 지문을 입력해놓은 치료자들이 문 옆에 설치된 지문 키에 손가락을 갖다 대면 문이 열린다. 신기하기만 하다. 그러나 얘기를 들어보니, 워낙 병동을 출입하는 사람들이 많은지라 최신식 기계도 가끔은 오작동한다고 한다. 그럼 옛날 열쇠를 사용할 때와 똑같이 치료진 중 한 명이 출입문에 의자를 놓고 기계를 고칠 때까지 지키고 앉아 있어야 한단다.

보호가 필요한 환자들을 지켜주는 동시에 환자들에게는 제약의 표징이었을 병동 문. 그리고 불가분의 관계인 열쇠. 정신과 폐쇄 병동의 필수품인 열쇠는 구닥다리 스테인리스 열쇠든 최신식 지문 키든 일 년 365일 무탈하게 병동을 지키는 데는 무리인가보다.

_집으로

_향하는

_무의식

환자들의 안전을 지켜야 하는 간호사로서는 병동을 나가려는 환자들 때문에 여간 힘든 게 아니었지만, 집으로 가고 싶어 하는 그들의 모습에서 회귀 본능이 느껴져 한편으로는 안심이 되기도 했다. 그런 점에서 회귀 본능은 아픈 사람이든 건강한 사람이든 모든 사람의 마음에 새겨져 있는 원초적 본능인 '그리움'의 표현이 아닐까 싶다.

우리가 살면서 여간해서는 가보기 힘든 곳이 있다. 바로 정신과 병동이다. 정신과에서 일하는 치료진이나 병동을 잠시 방문하는 사람들은 이따금 농담 삼아 "이런 곳에서 일주일만 푹 쉬어봤으면 좋겠다"라는 말을 한다. 그러나 자신의 의지와 상관없이 입원해 짧지 않은 기간 동안 문이 잠긴 병동에서 꼼짝없이 지내야 하는 환자들로서는 당연히 바깥생활이 그립기 마련이다. 더욱이 요즘은 1개월가량 입원하는 조현병(예전 정신 분열병)의 경우 예전엔 통상적으로 3개월가량 입원을 했으니 무척 긴 기간이었으리라.

　신체 질환을 가진 환자들이 신체적 고통 때문에 자신들이 나서서 치료를 원하고 입원하는 것과 달리, 정신과 환자들은 자신에게 병이 없다고 생각해 치료의 필요성을 못 느끼는 경우가 많다. 그러니 당연히 입원을 받아들이지 못하고 호시탐탐 병동에서 벗어나려 한다.

환자가 치료와 무관하게 임의로 병동에서 벗어나는 것을 '환자가 도주했다'고 표현한다. 정신과에서 근무하는 동안 가장 보고서를 많이 쓴 것은 단연 '도주'와 관련된 사건이었다.

도주는 주로 병동 문이 열렸을 때를 틈타서 발생하지만 병동 밖 활동 시간에 발생하는 경우도 많았다. 예를 들면 단체 산책을 나갔을 때 환자가 천천히 걷다가 갑자기 엄청난 속도로 달리기 시작한다. 가끔은 산책 나가서 야구같이 필드가 넓은 운동을 할 때도 있는데, 이때 환자가 공을 받으려고 뛰면 의료진도 공 받는 척하면서 같이 뛴다. 자칫 멀리 있는 환자를 놓칠 수도 있기 때문이다. 환자들이 퇴원한 후 사회에 원활하게 적응하는 것을 돕기 위해 한 달에 한두 번 환자와 치료자가 함께 '치료를 위한 외출'을 나가는데, 그때 도주가 발생하기도 한다.

다행히 환자들 대부분은 집으로 간다. 뜬금없이 대문을 열고 들어선 환자를 보고 놀란 가족들이 부랴부랴 병동으로 전화를 하거나, 병동에서 먼저 가족에게 전화해 환자가 집에 도착하면 야단치지 말고 잘 달래서 병원으로 데려오라고 한다. 환자가 가족과 함께 무사히 병동으로 돌아오면 가장 좋지만, 간혹 한사코 병동으로 돌아오지 않으려는 경우에는 남자 보호사를 포함한 치료진이 구급차를 대동해 환자를 데리러 가기도 한다. 가끔은 상상을 초월하는 전대미문의 도주가 발생하는데, 몇몇 사건은 아직도 기억에 생생하다.

정신과에서 전해오는 미스터리한 사건들 중 한 건은, 병원 원내를 한 바퀴 도는 산책을 나갔을 때 발생했다. 환자 열 명에 간호사 한 명과 보호사 아저씨 한 명이 함께 나갔다. 산책 중에 남자 환자 한 명이 갑자기 화장실에 가야겠단다. 통상적으로 산책 나가기 전에 볼일을 다 해결하도록 권유했던 터였지만 급하다니 할 수 없이 보호사 아저씨가 데리고 가까이 있는 응급실 화장실로 갔다.

환자는 안으로 들어가고 보호사는 문밖에서 기다렸다. 그런데 아무리 큰일을 본다고 쳐도 환자가 너무 오래도록 안 나오더란다. 불길한 생각에 노크하며 이름을 불러봤으나 대답이 없었다. 다급해진 보호사가 가까이 있던 응급실 직원을 불러 안으로 잠긴 문을 따고 들어갔다. 아니나 다를까, 환자가 없었다. 도대체 하늘로 솟았나 땅으로 꺼졌나, 사방팔방을 돌아봐도 찾을 수 없었다.

이리저리 둘러보다가 드디어 문제의 장소를 찾아냈다. 외부를 향한 벽 위에 조그맣게 나 있는 환기창이었다. 도저히 상상이 되지 않았다. 도주한 사람은 몸무게가 100킬로그램에 가까운, 특히 배에 살이 많이 쪄서 배가 장난 아니게 나온 중년의 아저씨였기 때문이다. 미끄러운 타일 벽을 기어 올라간 것도, 조그마한 환기창으로 그 뚱뚱한 몸이 빠져나갔다는 것도 믿기지 않았다. 다행히 택시를 잡아타고 무사히 집에 도착한 환자를 부인이 즉시 병원으로 데려왔다. 덕분에 감사하게도 보고서를 쓰지 않고 넘어갈 수 있었다.

홍콩의 유명 배우 성룡이 주연한 〈취권〉이 처음으로 국내에서 상영되어 한창 인기몰이를 할 때였다. 워낙 재미있다고 세간에 소문이 자자하던 터라 병동에도 그 말이 흘러들어 왔고, 환자 회의에서 '치료를 위한 외출' 때 〈취권〉을 보러 가는 것이 만장일치로 결정되었다. 물론 외출하기 전에 안전을 위해 인원 점검 작전을 짰다. 예를 들면 영화 도중에 남자 환자가 화장실에 간다고 하면 남자 의사가 동행하고, 여자 환자가 화장실에 간다고 하면 여자 간호사가 같이 가기로 했다.

다들 들뜬 마음으로 병원을 나섰고 만원 상태의 영화관에 무사히 도착했다. 남자 의사가 남자 환자들이 앉은 좌석 맨 끝에 앉았고, 나는 여자 환자들이 앉은 좌석 맨 끝에 앉았다. 드디어 영화가 시작되었다. 병동이 아닌 극장 안이라 환자들의 거동에 신경이 곤두서 있는데 영화는 왜 그리 재미있는지! 나도 모르게 신 나게 웃다가 환자들이 잘 있나 살펴보느라 정신없는데, 갑자기 남자 환자가 화장실에 가겠다는 것이다.

그러니 이미 짜놓은 작전대로 남자 의사가 따라 나가야 하는데 의사가 일어서지 않았다. 의사에게 조그마한 소리로 빨리 따라가야 하는 거 아니냐고 하자, 설마 이렇게 재미있는 영화를 안 보고 집에 가겠느냐며 믿고 기다려보잔다. 남은 환자들을 위해서도 그렇고 의사가 그렇게 얘기하니 나도 엉거주춤 앉아 있었다.

그런데 화장실에 간다고 나간 환자가 안 들어왔다. 어느덧 시종일관 웃음을 자아내며 상영하던 영화가 끝이 났다. 원래 인원에서 한 명이 빠진 상태로 병원으로 향했다. 영화를 보며 화통하게 웃던 분위기와는 달리 코가 쑥 빠진 채로 터덜터덜 무거운 발걸음을 옮겼다. 당시엔 휴대전화도 없었으니 길에 있는 공중전화를 보자마자 사건 보고를 하려고 병동으로 전화를 걸었다. 그랬더니 벌써 그 환자가 집에 와 있다는 보호자의 전화가 걸려와 있었다. 그나마 무사히 집으로 귀가했다니, 가슴을 쓸어내렸다.

환자에겐 그렇게 재미있는 영화보다 집에 가는 게 훨씬 더 좋았던 모양이다. 이 사건 또한 집에 안전하게 가 있던 환자 덕(?)에 사건 보고서를 쓰지 않고 무사히 넘어갔다. 지금도 명절이면 심심찮게 재방영되는 〈취권〉의 제목만 봐도 그 재미있던 영화를 마다하고 집으로 가버린 환자가 생각난다.

호텔과 비교해도 좋을 만큼 쾌적한 환경에서 미모(?)의 간호사들이 대한민국 최고의 간호를 제공하고, 오락 요법을 비롯한 다양한 활동들이 시행되고 있어 '병원이 집보다 훨씬 지내기가 좋을 텐데'라는 내 생각과 달리, 기회만 되면 집으로 달려가는 환자들을 보면 오디세우스^{영원히 늙지도, 죽지도 않게 해주고 세상 모든 권력을 주겠다는 칼립소의 유혹에도 아내와 아들이 있는 집으로 돌아가고 싶어 했던 그리스신화의 영웅}가 생각난다. 바로 회귀 본능이다.

본래의 서식처나 집으로 되돌아가고자 하는 현상을 '회귀 본능' 또는 '귀소 본능'이라고 한다. 감옥에서 지내본 사람들은 하루 중 해 질 녘이 가장 힘들다고 말한다. 집 생각이 가장 많이 나는 시간이기 때문이다. 낮 시간에 부모와 떨어져서 잘 놀던 아이들이 어둑어둑해지면 칭얼대면서 엄마를 찾는 것도 마찬가지 이유에서다.

나 또한 회귀 본능을 뼈저리게 경험한 적이 있다. 1980년대 초 병원 연수차 싱가포르에서 3개월가량 지낸 적이 있다. 처음엔 모든 게 신기해서 물 만난 고기처럼 신 나서 지냈다. 특히 그 당시 통행금지가 있어서 밤 12시 이후에는 다닐 수 없었던 우리나라와 달리 싱가포르엔 통행금지가 없어(반대로 그곳 사람들은 우리나라에 통행금지가 있다는 것을 신기해했다) 밤 12시 넘어서까지 거리를 활보하고 다닐 수 있다는 사실에 흥분해서 지냈다. 그렇게 싱가포르의 모든 것에 매료되어 시간 가는 줄 모르고 2개월을 지냈다.

그런데 이게 웬일! 3개월째 접어들자 그렇게 신기하고 재미있던 것들이 다 시들해졌다. 우리나라 음식만 먹고 싶고, 하늘에 떠가는 비행기만 봐도 집에 가고 싶어 눈물이 났다. 혼자 시내에 있는 한국 식당에 가서 비싼 김치찌개를 사먹는 등 나름대로 여러 시도를 해보았으나 집에 대한 그리움은 좀처럼 사그라지지 않았다. 이른바 향수병이었다. 얼마나 집에 오고 싶었는지, 돌아오는 길에 다른 나라들을 여행하는 일정도 다 포기하고 서둘러 귀국했다. 나 또한 귀소 본능으로 힘들었던 것이다.

환자들이 그토록 필사적으로 병동에서 나가려 한 것도 결국은 가족과 자신의 터전으로 돌아가고 싶은 일종의 회귀 본능 때문이었다. 게다가 병원은 스스로 선택해서 온 곳이 아니기 때문에 돌아가고 싶은 마음이 더욱 절절했을 것이다.

환자들의 안전을 지켜야 하는 간호사로서는 병동을 나가려는 환자들 때문에 여간 힘든 게 아니었지만, 집으로 가고 싶어 하는 그들의 모습에서 회귀 본능이 느껴져 한편으로는 안심이 되기도 했다. 그런 점에서 회귀 본능은 아픈 사람이든 건강한 사람이든 모든 사람의 마음에 새겨져 있는 원초적 본능인 '그리움'의 표현이 아닐까 싶다.

그리스 대서사시 「오디세이」에서 모든 유혹을 뿌리치고 집으로 가고 싶어 하는 주인공 오디세우스의 말은 환자, 아니 우리 모두의 마음을 잘

대변하고 있다.

    …… 하지만 그토록 저는 날마다 바라며 그리워합니다.

    집으로 돌아가는 귀향의 날을 볼 수 있기를.

의존,

분리,

성장

건강한 의존은 자신의 영역을 유지하면서 필요할 때 상대에게 도움을 청할 수 있는 상태를 말한다. 그러면 거꾸로 상대의 영역도 인정해주면서 상대에게 도움이 필요할 때 기꺼이 도울 수 있다. 자신은 없고 타인만 있거나 혹은 타인은 없고 자신만 존재하는 양자택일의 상황에서 벗어나 나는 나대로, 타인은 타인대로 존재함을 인정해야 한다.

"퇴원하고 싶지 않아요."

아침 투약 시간이 끝나고 병동 식구 모두 모여 차 마시는 시간, 그날 오후에 퇴원 예정인 M 씨의 입에서 나온 말이었다. 두 달 전 입원했을 당시만 해도 입원을 못 받아들여 필사적으로 병동 밖으로 나가려 하는 바람에 여러 차례 치료진과 몸싸움을 벌였던 터였다. 간호사는 물론 주치의와 마주 앉는 것조차 거부하던 그였던지라 모두 어안이 벙벙했다. 착잡한 표정으로 퇴원하기 싫다는 말에 M 씨의 퇴원을 부러워 마지않던 나머지 환자들의 분위기가 싸해졌다.

급성기 환자가 많았던 우리 병동에 M 씨처럼 퇴원을 싫어하는 환자가 자주 있었던 것은 아니다. 이에 비해 입원 기간이 긴 만성 병원에서는 오랜 병동 생활에 익숙해져서 퇴원이 결정된 뒤에도 병원에 계속 머무르고 싶어 하는 경우가 심심찮게 있다. 병원에서는 때 되면 밥 주고, 자신의 노력 없이도 병동 스케줄에 따라 그럭저럭 하루하루를 지낼 수 있기 때문이다. 병원 생활이 익숙해지는 것에 비례해, 병원 문을 나선 후 스스로 꾸려가야 하는 바깥 생활이 어렵게 느껴져서 퇴원할 엄두를 못 낸다. 병원 의존증Hospital Dependency이 생긴 것이라고 볼 수 있다.

〈쇼생크 탈출〉에서도 50년 이상을 교도소에서 보내다가 형기를 끝내고 출감하게 된 브룩스라는 인물이 나온다. 그는 너무나도 익숙해진 감옥에서 나가지 않으려고 문제를 일으키기까지 한다. 그에게는 자신의 의지와 상관없이 맞닥뜨린 감옥 밖의 자유로운 세상이 오히려 단단한 감옥이었다. 결국 낯선 사회생활에 적응하지 못한 그는 기거하던 방 벽에 '나는 여기 와봤다'라는 한 문장을 남긴 채 자살하고 만다. 자유로운 생활에 적응해야 하는 삶의 무게를 견디지 못한 것이다. 한마디로 감옥 의존증 때문이 아니었을까?

의존Dependency이란 욕구를 충족하거나 심리적 안정을 얻기 위해 다른 사람이나 대상에게 의지하는 상태다. 의존증은 특정한 사람들에게만 생기는 현상이 아니다. 나는 커피를 좋아한다. 내가 다니는 교회에서는 예수님의 고난을 기억하는 의미에서 해마다 사순절 기간(46일) 동안 자신의 기호품 중 하나를 끊는 신앙 실천 운동을 하고 있다. 어느 해인가 겁도 없이 커피를 끊겠다고 결심했다. 그런데 웬걸! 겨우 오전 시간을 지냈을 뿐인데 오후가 되자 커피가 너무 마시고 싶어 똥 마려운 강아지마냥 좁은 연구실 안을 왔다 갔다 하며 안절부절못했다. 아무 일도 손에 잡히지 않았다. 도저히 안 되겠어서 오후 늦게 품목을 바꿨다. 그날 이후로, 커피를 끊겠다는 결심은 절대 하지 않았다. 커피 의존증이었다.

의존증에는 커피 의존증, 심하게는 알코올 의존증, 마약 의존증처럼 특정 물질에 의존하는 것이 있는가 하면 특정 행동이나 조건에 매달리는 인터넷 의존증, 학원 의존증 등 종류가 무수히 많다. 요즘은 인터넷 특히 스마트폰 의존증이 대세다.

의존증의 다른 말은 '중독'이다. 중독 중에 돌봄이나 사랑이라고 착각하기 쉬운 '관계 중독'이 있다. 자식에게 목매고 헌신하는 부모나 사랑하는 사람을 위해서는 목숨까지 내놓는 연인들 중 관계 중독인 경우가 많다.

요즘 유행하는 말 중에 '헬리콥터 엄마', '캥거루 엄마'가 그렇다. 늘 자식 주위를 빙빙 도는 엄마의 모습을 헬리콥터에, 자식을 자신의 배 주머니에 넣고 다니는 캥거루에 빗대 나온 말이다. 일종의 모성 의존증이라 할 수 있다.

그런가 하면 일상생활의 자잘한 모든 것을 아내에게 의존하며 사는 아내 의존증을 가진 남자 어르신을 빗댄 단어들이 유행이다. 집에서 한 끼도 먹지 않으면 영식님, 한 끼만 차려 달라고 하면 일식씨, 두 끼를 먹으면 이식놈, 세 끼 다 챙겨 달라 하면 삼식이새끼, 세 끼에 간식까지 기대하면 종간나새끼란다.

관계 중독증의 특징은 나 아닌 다른 사람과의 관계를 중요하게 여기고 오로지 거기에서 삶의 의미를 찾는 데 있다. 그들은 상대를 돌보는 것으로 내면의 공백을 메우려 하거나 상대를 통해 대리 만족한다. 상대를 뒷바라지하는 데는 탁월한 재주가 있으나 자신의 내면을 들여다보는 데는 무기력하기 쉽다. 그 결과 우울증이나 불안증으로 힘들어 하는 경우가 많다. 더구나 사랑, 희생, 봉사처럼 좋은 의미로 포장하고 미화해 본질과 문제점이 가려지기 쉽다. 의존증은 당사자나 상대방 모두를 진정한 성장에서 멀어지게 만들 뿐이다. 엄마의 완벽한 도움으로 남들이 다 부러워하는 최우수 대학에 들어간 아들이 쉬는 시간에 휴대전화로 "엄마, 수학 문제 다 풀었는데 다음에 무슨 공부할까요?"라고 물었다는 기막힌 에피소드까지 들릴 정도다.

인간에게 의존은 불가피하다. 동물의 왕국을 보라. 말이나 소 같은 동물들은 태어나서 몇 걸음 비틀거리다가 곧바로 자기 발로 서서 걷는다. 이에 비해 인간은 1년 가까운 시간이 지나야 겨우 혼자서 걸음을 옮

길 수 있다. 생존이 우선인 시기에는 충분히 마음 놓고 의존할 수 있어
야 한다. 그렇지 않을 경우 심하면 의존적 우울증에 걸리기도 한다.

충분한 의존을 거친 후 분리와 함께 인간의 성장은 시작된다. 엄마와
신체적으로, 심리적으로도 분리되는 과정이 성장이다. 하지만 인간은
성장한 이후에도 먹는 것을 비롯해 살아가는 데 필요한 모든 것을 혼자
서 해결할 수 없는 존재다. 따라서 서로 의존하며 살아갈 수밖에 없다.
의존이 지나쳐 충분히 분리되지 않는 것도 문제지만 충분한 의존 경험
이 없을 때도 많은 어려움을 초래한다.

남들이 부러워하는 조건 좋은 큰 병원에 취직한 졸업생이 있었다. 근
무를 시작한 지 얼마 지나지 않아서, 적응하기 어렵다며 다 죽어가는 목
소리로 전화했다. 자세한 상황을 묻자 자꾸 실수를 반복하고 있고, 선임
간호사들이 그런 자기를 싫어한다는 것이었다. 전화로는 안 되겠어서
만나서 얘기를 들어보았다. 내용인즉 신규 간호사로 들어갔으면 당연
히 일이 서툴러서 선임 간호사들의 도움을 받아야 하는데, 남의 도움을
받는 게 불편하고 힘들어서 되도록 도움을 청하지 않으려다 보니 실수
를 자주 하게 되었다. 보다 못한 선임 간호사들이 달려들어 도와주었더
니 도움받았다는 사실에 자존심이 상했다. 그러니 도와준 선임 간호사
에게 고맙다는 말이 나오지 않았고, 말투도 떨떠름했다. 선임 간호사들

은 기가 막혔다! 실수를 연발하는 데다가 도와주면 고마워하기는커녕 심드렁하게 반응하니 적반하장이라 여겨 미워할 수밖에……

남들이 도와주는 것이 어떤 점에서 힘드냐고 물었다. 도움을 받기 시작하면 계속 의존하게 될까 봐 두렵다고 했다. 그녀는 여태까지 살아오면서 부모나 친구 어느 누구에게도 온전히 의존해본 적이 없었다. 물론 남자 친구에게도.

집 분위기에 대해 물어보았다. 아니나 다를까, 가훈이 '모든 일을 혼자서 잘 해내자'였다. 아주 어려서부터 남의 도움을 받지 않고 혼자 해결하는 것을 강조하는 집안 분위기에서 성장했던 것이다. 아마 그녀가 경력자가 되면 자신에게 의존할 수밖에 없는 신규 간호사를 이해 못하고 야단만 칠 가능성이 높다.

이렇듯 어려서 충분히 의존하지 못한 채 너무 일찍부터 자율성을 강조 받으며 자란 경우 성인이 되어서 자신감이 부족하고 불안한 대인 관계를 맺게 된다. 즉 의존적인 시기에 충분히 의존해야 충분히 독립할 수 있다.

의존성은 인간 본성 중 하나로 생존에 필수적이다. 하지만 지나치게 의존하는 것도, 너무 의존하지 않으려는 것도 건강하지 않다. 그럼 건강한 의존이란 어떤 것일까?

건강한 의존은 자신의 영역을 유지하면서 필요할 때 상대에게 도움을 청할 수 있는 상태를 말한다. 그러면 거꾸로 상대의 영역도 인정해주면서 상대에게 도움이 필요할 때 기꺼이 도울 수 있다.

이를 위해서는 의존과 관련해 자신의 상태가 어떤지 알아야 한다. 변화는 현실을 정확히 인식하는 데서 시작하기 때문이다. 그리고 있는 그대로의 상태를 인정해야 한다. 사람들은 자신에게 문제가 있다는 사실을 잘 인정하지 않으려 한다. 하지만 건강함이란 문제가 전혀 없는 상태를 말하는 것이 아니라, 자신의 현실을 인정하고 받아들이는 상태를 말한다. 한 걸음 더 나아가 개선해나가려는 의지가 있어야 진정으로 건강해질 수 있다.

더불어 자녀나 배우자와 적당한 거리를 유지하는 것도 중요하다. 미국 작가 엘버트 허버드Elbert Hubbard의 말을 빌리자면, "부모가 아이들에게 너무 많은 것을 해주면, 아이들은 스스로 많은 것을 하지 않게 된다". 혹시 멀쩡한 자녀를 장애인으로 키우고 있지 않은지 돌아봐야 한다. 또한 미국의 역사학자이며 작가인 마니 리드 크로웰Marnie Reed Crowell은 좋은 결혼에 대해 다음과 같이 애기했다.

"불을 잘 피우기 위한 아주 쉬운 한 가지 원칙이 있다. 두 개의 장작을 서로 온기를 느낄 만큼 가까이 두되 숨을 쉴 만큼은 떨어뜨려 놓는 것이다. 불을 피우는 데 작용하는 원칙이 '좋은 결혼'에도 적용된다."

이제 우리는 평균 수명 100세를 바라보는 시대에 살고 있다. 아내가 사골 국을 한 솥 끓여놓고 외출하면 벌벌 떨고만 있을 게 아니라, 소소하지만 중요한 먹고사는 일들을 스스로 해결할 수 있어야 한다. 그래야 찬밥 신세를 면하고 멋진 노년을 보낼 수 있다. 강남의 한 주민센터에서는 남자 어르신을 대상으로 세탁기 사용법, 밥하는 법을 비롯해 김치 담그기 강좌를 열었다고 한다. 두 손 들어 환영할 일이다.

자녀를 진정 사랑한다면 분리가 이루어져야 할 시기에 지나친 관심과 돌봄을 거두어들여야 한다. 그래야 다 큰 아들이 어떤 종류의 키스를 할지 물어오는 전화를 받지 않을 수 있다.

소중한 사람일수록 적당한 거리를 두고 '각자 따로' 또한 '더불어 같이' 살아간다면 '캥거루 엄마' 혹은 '종간나새끼'라는 단어는 자취를 감추고 대신 멋진 단어들이 등장하지 않을까 기대해본다.

___타인이라는

_____거울

인간이 신체와 그 신체에 대해 갖는 이미지인 '신체상'은 자기를 형성
하는 데 큰 영향을 미친다. 자신의 모습을 확인하는 가장 유용한 것이
바로 거울이다. 그런 의미에서 거울은 정신과 병동에 꼭 구비되어야 할
사물 중 하나다.

얼마 전까지만 해도 세계에서 가장 높은 빌딩은 뉴욕의 엠파이어스테이트빌딩이었다. 높이가 무려 101층이어서 아래에서 보면 끝이 보이지 않을 정도였다. 그런데 이 빌딩의 경영진에게는 중요한 고민거리가 하나 있었다. 빌딩이 너무 높다보니 엘리베이터를 타는 시간이 길어서 승객들이 지루해한다는 것이었다. 당시에는 엘리베이터가 요즘같이 초고속이 아니었기 때문에 맨 위층까지 올라가는 데 많은 시간이 걸렸고 고객들은 그 시간을 무료하게 견뎌야 했다. 경영진은 이 문제를 해결하기 위해 여러 방법을 시도했다. 명화를 붙여보기도 하고 좋은 글귀를 붙여놓기도 했다. 하지만 대부분 성공하지 못했다.

그러다가 한 심리학자의 권유로 엘리베이터 안에 거울을 부착했다.

반응은 놀라웠다. 사람들은 거울 속 자신의 모습을 들여다보느라 시간 가는 줄 몰랐고, 지루함을 느낄 겨를도 없이 건물 꼭대기인 101층에 도착했다. 오늘날 대부분의 고층 건물 엘리베이터에 거울을 부착한 것도 이런 이유 때문일 것이다.

사람이 거울에 비친 자기 모습을 즐기며 바라보는 것은 오늘날의 현상만은 아닌 듯싶다. 나르키소스가 연못에 비친 자신의 모습에 반한 나머지 연못에 몸을 던졌다는 그리스신화를 통해서 알 수 있듯, 옛날 사람들도 물에 비친 자신의 모습 보기를 즐겼던 것 같다.

거울이란 우리말은 '거꾸로'라는 뜻을 나타내는 '거구루'에 어원을 두고 있다고 한다. 아마도 우연히 물에 비친 자신의 모습을 보게 되었고, 반영된 상의 좌우가 거꾸로였기 때문에 생겨난 말이 아닐까 싶다. 말하자면 냇물이나 연못물은 자연산 거울이었고, 대야 등에 물을 채워서 자신을 비춰본 것은 인조 거울인 셈이었다. 그런 면에서 나르키소스는 자연산 물거울 애용자였다.

최초의 거울은 물거울인 셈인데, 물거울은 조금만 흔들리면 상이 흐트러진다. 이를 보완하기 위해 나온 것이 금속 거울이다. 금속 거울은 수작업으로 만들었고 길드의 통제 아래 독점적으로 만들어졌기 때문에 생산량이 많지 않아 귀족들만 소유할 수 있었다. 흥미롭게도, 거울을 대량 생산한 최초의 장인은 서양 최초로 금속 활자를 만들었다고 알려진 구텐베르크다.

그러나 금속 거울 또한 상을 선명하게 비춰주지 못했다. 금속 거울의 단점을 보완하기 위해 등장한 것이 유리 거울이다. 르네상스 시기에 베네치아에서는 유리판 뒷면에 주석 박을 붙여 훨씬 선명하게 상을 비추는 유리 거울을 만들었다. 궁전 안쪽 벽을 거울로 치장하는 것을 즐겼던 프랑스는 막대한 양의 유리 거울 수입으로 재정난을 겪자 베네치아가 독점하고 있던 유리 거울 공법을 몰래 가져와 유리를 생산했다. 유리 기술을 더욱 발전시킨 프랑스는 대형 거울까지 생산할 수 있었고, 그 결과 대형 유리 거울 장식의 결정판이라고 할 수 있는 베르사유 궁전의 '거울의 방'이 만들어졌다. 프랑스를 여행할 때 '거울의 방'의 어마어마한 규모와 화려함에 입을 다물지 못했던 기억이 난다.

이토록 많은 사연과 함께 오랜 시간을 거쳐 만든 유리 거울은 정신과에서 사용하는 데 어려움이 많았다. 물체를 선명하게 비춰주지만 말 그대로 주 재질이 유리여서 깨지기 쉽고, 그로 인해 다칠 위험이 크기 때문이다. 그렇다면 정신과 병동에 거울이 필요한 이유는 무엇일까?

인간이 신체와 그 신체에 대해 갖는 이미지인 신체상Body image은 자기Self를 형성하는 데 큰 영향을 미친다. 자신의 모습을 확인하는 가장 유

용한 것이 바로 거울이다. 그런 의미에서 거울은 정신과 병동에 꼭 구비되어야 할 사물 중 하나다.

환자의 안전을 위해 시중에서 파는 거울 중 가장 두꺼운 거울을 어렵사리 구해 병동에 비치해보았다. 아니나 다를까, 어느 날 흥분 상태에 있던 환자가 거울을 깨는 바람에 결국 거울은 전면 회수되었다. 할 수 없이 깨지지 않는 거울을 구하기 위해 각방으로 알아보았다. 하지만 깨지지 않으면서 선명하게 비쳐주는 거울을 구하기가 보통 어려운 게 아니었다. 궁여지책으로 구한 게 금속류로 만든 거울이었다. 사극을 보면 여인네들이 얼굴을 가꿀 때 들여다보는, 청동으로 만든 구리거울과 비슷한 것이었다. 그러니 거울에 비친 모습이 유리 거울처럼 깔끔하지 않았다. 타임머신을 타고 조선 시대로 돌아간 셈이다.

환자들 중에는 자신의 얼굴 일부가 비뚤어졌다고 생각하는, 즉 왜곡된 신체상에 집착해 막무가내로 수술시켜 달라고 조르는 경우가 종종 있다. 그럴 때 면이 고르지 않아 상이 선명하게 비치지 않는 거울은 치명적이다. 간호사인 나도 병동 거울에 비친 얼굴을 보고 있노라면 왠지 코도 좀 비뚤어진 것 같고 눈도 짝짝이처럼 보였으니 환자는 오죽했을까!

하지만 간호사로서 해줄 수 있는 것은 환자와 나란히 거울에 얼굴을 비춰보면서 간호사인 나도 코가 비뚤어져 보이며, 그건 다 그 유명한 조선의 명기인 황진이가 쓰던 것 같은 거울 때문이라고 열심히 달래는 게 고작이었다.

거울만큼 자신의 존재를 비춰주는 존재가 있으니 바로 '타인'이다. 거울을 통해 신체적 자기를 비춰본다면, 타인을 통해서는 심리적 모습을 비춰볼 수 있다. 인생에서 가장 먼저 거울의 기능을 해주는 타인은 부모다. 아이들은 자신도 모르는 사이에 부모라는 거울을 통해 자신의 자아상을 형성해간다. 양육자가 행복한 표정으로 아이를 대하면 아이는 자신이 다른 사람을 행복하게 만드는 좋은 사람good me이라고 인식한다. 반대로 짜증스런 표정을 짓고 있는 양육자를 보면 아이는 자신을 나쁜 사람bad me으로 여기게 된다. 문제는 이때 형성된 자아상은 이후 살아가는 데 두고두고 영향을 미치며 변화의 기회가 없는 한 후대에게 그대로 대물림된다는 사실이다. 그러므로 아이에게는 좋은 거울이 되어줄 양육자가 반드시 필요하다.

타인이라는 거울은 아이의 생활 반경이 넓어짐에 따라 부모에서 유치원 또는 학교 선생님, 친구들로 점점 확대된다. 이처럼 타인을 자기의 모습을 형성해가는 사회적인 자기를 사회학자 찰스 호턴 쿨리Charles Horton Cooley는 '거울 속에 비친 자기Looking-glass Self'라고 했다.

심리극에서는 자기 성찰을 돕는 일환으로 '거울 기법Mirroring'을 활용한다. 한 사람의 자세, 말투 등 모든 행동을 다른 한 사람이 똑같이 흉내

낸다. 그러면 타인의 행동을 보고 자신의 행동을 좀더 객관적으로 볼 수 있다. 더 나아가 이 경험을 통해 자신의 행동을 변화시키고자 하는 의도를 유발할 수 있다.

정신과 병동에서 사람들이 오가는 복도에 늘 누워 있던 여자 환자가 있었다. 처음에는 사람들이 교대로 가서 이유를 묻고 일으켜보려고 했지만 꼼짝도 하지 않았다. 시간이 지나자 사람들은 으레 그러려니 하고 무시하며 지나쳤다.

어느 날 병동에 새로 부임해온 한 의사가 복도에 누워 있는 그 환자에게 말을 걸었다. 그러나 여전히 꼼짝 않고 있자, 그 환자 옆에 똑같은 모습으로 누웠다. 자기와 똑같이 누운 의사를 보자 그 여자 환자는 마치 아무 일도 없었다는 듯이 일어나 자기 방으로 돌아갔다. 의사라는 거울을 통해 복도 바닥에 누워 있는 자신의 부적절한 모습을 본 것이다.

거울 속 자기 모습을 바라보는 것이 유일한 재미일 수밖에 없는 엘리베이터 안에서와는 달리, 실제 삶에서는 시선을 돌려 세상을 향해 마음을 열고 바라보면 모든 것이 나를 비춰주는 거울이다.

화려함을 마음껏 자랑하다 머뭇거리지 않고 지는 꽃을 보며, 움켜쥐고 아등바등하고 있지 않은가 살펴본다. 꽃이 거울이다. 머뭇거림 없이 흘러가는 강물을 보며, 여전히 지난날에 발목 잡혀 있는 것은 아닌지 돌아본다. 강물이 거울이다. 닮고 싶은 어머니의 모습에서, 내 곁을 지켜주는 친구에게서 내 모습을 본다. 어머니와 친구가 나의 거울이다.

이처럼 세상 모든 만물이 거울이며, 세상 모든 사람이 거울이다. 나 또한 모든 이들의 거울이다.

숨은

균형점

찾기

인간의 존엄성과 안전이라는 두 가지 요건 사이의 균형점을 잘 찾아서 병동을 관리해야 하는 것 또한 24시간, 환자의 가장 가까이에서 환자를 돌보는 간호사가 해야 할 일 중에 하나다. 이 두 조건 사이의 균형이 무너질 때 사고가 발생하거나 환자들의 불만이 터져나온다.

눈물이 나면 기차를 타고 선암사로 가라

선암사 해우소로 가서 실컷 울어라

해우소에 쭈그리고 앉아 울고 있으면

죽은 소나무 뿌리가 기어다니고

목어가 푸른 하늘을 날아다닌다

정호승 시인의 시 「선암사」의 일부다. 해우소解憂所란 사찰에 있는 화장실을 이르는 단어로, 말 그대로 근심을 해결하는 곳이라는 뜻이다. 이 시를 읽으면 선암사 해우소에 가보고 싶어진다. 특히 눈물을 쏟아내고 싶은 심정에 처한다면 더욱 달려가고 싶을 것 같다.

해우소라는 말은 신라 시대에 지어진 쌍계사의 말사인 다솔사茶率寺에 있는 해우정解憂亭에서 유래했다고 한다. 해우소 외에도 화장실을 나타내는 우리말로는 몸속을 깨끗이 하는 공간이라는 뜻의 정방淨房, 대소변을 보는 공간이라는 뜻의 변소便所, 옆에 있는 공간이라는 뜻의 측간厠間, 뒷물을 하는 공간이라는 뜻의 북수간 등이 있다. 하지만 뭐니 뭐니 해도 해우소가 가장 마음에 든다. 단어가 주는 분위기가 우아한 데다가 몸의 노폐물뿐 아니라 마음의 노폐물도 해결한다는 심오한 뜻을 지녔기 때문이다.

사람은 먹으면 배설한다. 배설排泄이란 우리 몸에 필요한 영양소들을 만드는 체내 물질대사 과정에서 발생한 노폐물을 몸 밖으로 배출하는 것이다. 아무리 귀하고 맛난 것을 먹었더라도 반드시 배설물을 배출해야 한다. 아니, 오히려 먹는 것보다 중요하다. 그래서 의료인들은 "먹지 않고는 살아도 싸지 않고는 못 산다"라고 이야기한다.

이처럼 기본 욕구 중 하나인 배설 욕구를 해결해주는 화장실의 역사는 인류 역사만큼이나 길고 다양하다. 그러나 요즘처럼 배설물을 위생적으로 처리하기 시작한 것은 그리 오래되지 않았다. 영국은 대하수 시설이 완성된 19세기 중반에 이르러서야 런던 시민들에게 모든 분뇨를 하수 시설에 방류하게 했다. 그 이후 급속도로 변기가 개량되면서 오늘날 우리가 사용하는 수세식 변기가 탄생한 것이다.

흥미롭게도 경주 불국사에는 돌로 만든 수세식 화장실이 있었다고 하니, 우리나라 수세식 화장실의 역사도 일찍부터 시작되었다고 볼 수 있다.

당연히 정신과 병동에도 화장실과 관련된 재미있는 일화가 있다. 어느 날 아침 병실을 순회하는데 이상한 점이 발견되었다. 여럿이 사용하는 남자 병실 안쪽에 있는 화장실 변기 양쪽에 무슨 자국이 나란히 찍혀 있었다. 무엇인지 도저히 모르겠어서 고개를 갸웃거리며 "이상한 일도 다 있네"라면서 그냥 병실을 나왔는데, 이후로도 며칠 동안 같은 일이 반복되었다. 근무 중인 간호사와 보호사들이 다 모여 변기 위에 나 있는 자국을 보면서 도대체 무엇인가 싶어 서로 얼굴을 보았다. 그런데 그 병실을 사용하는 남자 환자 한 사람 한 사람에 대해 골똘히 생각하던 한 간호사가 손바닥을 탁 치면서 박장대소하기 시작했다. 다들 어리벙벙한 채 쳐다보자 그 간호사가 웃음을 참지 못한 채 말했다.

"그거, 발자국이네요!"

우리도 그 말을 듣는 순간 다 같이 웃음을 터뜨리고 말았다.

그 방을 사용하는 환자 중에 시골에서 농사를 짓다가 입원한 나이 많은 환자가 있었다. 그 시절만 해도 서울을 비롯한 도시에는 수세식 변기가 많이 보급되어 있었지만 지방 특히 농어촌 지역은 아직도 재래식 화장실이 대세를 이루고 있을 때였다. 그 어르신 환자도 집에서 수세식 양변기를 사용해본 적이 없었고, 변기 위에 앉아서 일을 봐야 한다는 사실을 전혀 몰랐던 것이다. 결국 어떻게 해야 할지 몰라 고민하고 고민하다가 급기야 집에서 그전까지 하던 대로 변기 위로 올라가서 일을 봤던 것이다. 처음 입원한 환자들에게는 병동 구조와 시설, 병동 활동 등에 대해 설명하지만, 변기 사용법에 대한 설명까지는 미처 생각하지 못했기에 발생한 일이었다.

1980년대 새 건물로 이전하면서 병원 시설물이 최신식으로 바뀌었고, 정신과 병동도 예외는 아니었다. 당대 최고로 지어진 새 병동의 구조와 모든 시설물이 신기하고 새로웠지만 특히 변기가 제일 마음에 들었다. 우리 병동에 설치된 좌변기는 안전을 고려해서 특수하게 제작한 수입품이었던 것으로 기억한다. 일반 변기에 비해 높이가 낮았고, 뚜껑을 비롯해 아무런 부착물도 없는, 두툼하고 매끄러운 자기로 만든 변기였다. 물 내림 장치는 버튼식으로 벽에 심어져 있고 배꼽처럼 살짝 나와 있어서 아무것도 걸 수 없었다. 심플하면서도 견고했고 무엇보다 안전했다.

그런데 정작 환자 중에는 낯선 변기의 사용법을 몰라 고민하다가 급기야는 신발을 신은 채로 변기 위에 올라가 볼일을 보는 사람이 있었으며, 그 결과 매일 아침 변기 위에 신발 자국을 남겼던 것이다.

변기 위의 신발 자국을 보고 있노라니 처음 외국 여행을 하는 동안 화장실 때문에 당혹스러웠던 일이 생각났다. 한창 유럽 여행이 유행하던 1990년대 초, 2주 동안 무려 유럽 10개국을 도는 패키지 여행을 떠난 적이 있었다. 여러 나라를 돌면서 가장 신기한 것은 달랑 검문소 건물 하나 통과하니 다른 나라에 와 있던 것이었다. 또한 바로 옆에 붙어 있는 나라끼리도 화폐나 언어가 모두 달랐고 그중에서도 화장실의 구조와 변기 사용법이 하나도 똑같지 않았다. 특히 사용 후 물 내리는 방법이 모두 달랐다. 줄을 당겨야 하는 곳이나 꼭지를 누르는 정도는 알겠는데, 물 내림 장치가 변기 앞 화장실 바닥에 있는 경우에는 한참을 찾아야 했다. 그러니 화장실에 들어서면 우선 물 내리는 장치가 어디 있는지부터 살피게 되었다. 일어서는 동시에 자동으로 물이 내려가는 변기는 아무리 살펴봐도 물 내림 장치같이 생긴 게 보이지 않으니, 볼일은 봐야겠는데 바로 문 앞에 서서 기다리는 다음 이용자를 생각하면 불안해서 선뜻 일을 보게 되지 않았다.

고대에는 산이나 강, 바다 등 온 천지가 화장실이었으리라. 하지만 인구가 증가하고 문명이 발달하면서 화장실은 차츰 특정한 장소로 국한

되었다. 또한 배설 욕구를 점차 은밀하게, 개인적으로 해결하게 되었다. 따라서 화장실 사용 방법을 잘 모르는 경우 남에게 물어보거나 당당히 해결하려 하기보다 어떻게든 혼자서 해결하려 한다. 만약 적절하게 사용하지 못하는 경우에는 불안감과 불편함을 느끼고 때로는 수치심까지 겪게 된다.

프랑스를 여행할 때 카페 거리로 유명한 길을 걷던 중 급히 화장실에 가고 싶었다. 화장실 공화국이라고 해도 전혀 손색이 없는 우리나라와 달리 공중화장실이 거의 없어 점점 급하고 초조해졌다. 마침 거리에 설치되어 있는 자동 간이 화장실이 눈에 띄었다. 그런데 영어로 된 설명을 읽은 후 동전을 넣고 작동해보니 문이 닫히기는 하는데 잠기지 않았다. 난감한 표정으로 쩔쩔매고 있자 내 모습이 안쓰러워 보였는지, 지나가던 한 남자가 자신이 밖에 서서 다른 사람이 들어가지 않도록 얘기해 줄 테니 걱정하지 말고 사용하라는 게 아닌가.

속으로는 '당신을 어떻게 믿지?'라는 강한 의구심이 들었으나 친절을 마다할 수도 없고, 이미 다른 대안을 찾기엔 너무 급했기에 마지못해 들어갔다. 불안한 마음에 허둥지둥 일을 마치고 나오니 그 남자는 온데 간데없었다. 그래도 아무튼 무사히 볼일은 해결했으니 안도의 숨을 쉴 수 있었다.

화장실은 개인의 프라이버시가 보장되어야 하는 매우 사적인 공간인 만큼 환자의 프라이버시를 위해서는 당연히 잠금 장치를 설치해야 한다. 하지만 은밀한 공간이다 보니 사고가 발생할 위험이 가장 많기 때문에 정신과 병동에서는 화장실 문에 잠금 장치를 달지 않는다. 인간의 존엄성과 안전이라는 두 가지 요건 사이의 균형점을 잘 찾아서 병동을 관리해야 하는 것 또한 24시간, 환자의 가장 가까이에서 환자를 돌보는 간호사가 해야 할 일 중에 하나다. 이 두 조건 사이의 균형이 무너질 때 사고가 발생하거나 환자들의 불만이 터져나온다.

변기 위의 신발 자국 사건은 간호사들로 하여금 눈높이를 맞추는 간호에 대해 다시 한 번 생각하게 했다. 치료진에게는 익숙한 시설물들이 정신적으로나 심리적으로 혼란한 상태에서 입원한 환자들에게는 낯설 수 있다는 점을 생각하는 계기였다.

아침마다 어떻게 사용하는지 몰라 당혹해하며 변기 위에 올라섰을 그 남자 환자를 생각하면 지금도 마음 한편으로는 미안하면서도 슬며시 웃음이 나온다.

우리는

많은 시간을

과거에 산다

반복되는 일상에 매몰되어 자신이 어디에 있는지, 무얼 하고 있는지 생각할 겨를도 없이 살아가는 우리 모두 지남력 장애를 갖고 있지만 그 사실조차 모르고 있는 것은 아닐까?

"앗, 이럴 수가!"

혼자 떠난 외국 여행지에서 하나뿐인 시계가 고장 났다. 아직 여행 일정이 십여 일이나 남았는데…….

공공장소는 물론 웬만한 상점이나 식당에 큼지막한 시계가 걸려 있어 눈동냥으로 얼마든지 시간을 알 수 있는 우리나라와 달리 프랑스에서는 시계가 거의 눈에 띄지 않았다. 아침에 일어나는 것부터 기차나 버스 타는 것까지 순전히 시계 하나에 의존했는데 이를 어쩌나! 하지만 고향 집 서랍 속에 잠자고 있는 시계가 여럿인 것을 생각하니 굳이 시계를 사고 싶지는 않았다.

마음 한편으로는 여전히 불안했으나 '에잇, 내친김에 시계에 의존하지 말고 그야말로 자유롭게 다녀보자'는 심정으로 그냥 버텼다. 다행히 제시간에 일어나지 못하거나 타야 할 기차를 놓치는 일 없이 무사히 여행을 마쳤다. 시계 없이. 시간의 제약을 받지 않고 다니는 것이 오히려 편안하다는, 예기치 못한 느낌과 함께…….

시계가 없는 세상은 어떨까? 현대사회에 들어서면서 최대한 시간을 정확하고 빠르게 관리할수록 좋다는 인식이 팽배해 시테크時tech라는 신조어까지 생겨났다. 또한 시간 관리를 잘하는 사람이 능력 있는 사람으로 인식되고 있다. 그러니 시계 없는 세상은 상상도 할 수 없다.

인류가 최초로 사용했던 시계는 기원전 6세기의 그노몬gnomon이라는 해시계다. 산업혁명 이전까지만 해도 대부분의 사람들은 굳이 시간을 정확하게 알 필요가 없었다. 단지 연설이나 설교하는 사람에게만 시계가 필요했고 따라서 시간의 길이를 측정할 수 있는 물시계나 모래시계로도 충분했다. 하지만 기차 같은 대중교통이 생겨나면서 일반 대중에게도 정확한 시간이 중요해졌고 시계는 필수품이 되었다. 많은 변천을 거치며 굳이 시계가 아니어도 휴대전화 같은 매체를 통해서 시간을 알 수 있게 된 요즈음 손목시계는 보석과 마찬가지로 소유 가치를 나타내는 사치품의 한 종류가 되어가고 있는 실정이다.

시계와 더불어 시간의 흐름을 보여주는 도구에는 달력이 있다. 달력도 시대의 흐름에 따라 많은 변화를 겪고 있다. 불과 30~40년 전만 해도 연말이면 집집마다 다음 해 달력을 구하는 일이 김장만큼이나 중요한 연례행사였다. 요즘과 달리 유명 화가의 그림을 접할 기회가 드물었고, 해외여행을 가는 것은 꿈도 꾸지 못하던 시절이니만큼 질 좋은 종이에 교과서에서나 봤던 명화나 외국 풍경이 실려 있는 달력은 단연 인기였다.

정신과 병동에서도 시계나 달력은 중요한 물품 가운데 하나로, 환자들 눈에 잘 띄는 곳에 비치한다. 시계나 달력 외에도 여러 종류의 일간지는 물론 그 당시 가장 유행하는 월간지를 골고루 구비해놓는다. 장기적으로 입원하다 보면 자칫 세상 돌아가는 일에서 격리되기 쉬운데, 이런 물품들은 현실감을 유지하고 증진하기 위해 꼭 필요하다. 또한 환자들의 지남력指南力, orientation을 위해서도 유용하다.

지남력이란 정신 기능 중 하나로, 자신이 놓여 있는 상황을 올바르게 인식하는 능력이다. 적절한 지남력은 의식意識이나 판단력 등이 잘 유지될 때 가능하다. 보통 사람, 장소, 시간에 대한 지남력으로 구별되며, 지남력에 장애가 생기는 것을 '지남력 상실'이라고 한다.

정신과에서는 환자들의 정신 상태를 알아보기 위해 환자의 이름을 묻거나 "지금 계신 이곳이 어디인가요?", "오늘이 몇 월 며칠인지 말씀

해보세요", "오늘 아침 식사 반찬으로 무얼 드셨나요?" 등의 질문을 통해 지남력을 체크하는 것이 기본이다.

적절한 지남력을 갖도록 돕기 위해 병동에 비치하는 시계는 로마자 숫자(I, II, III……)가 아닌 아라비아숫자(1, 2, 3……)로 된 시계가 좋으며 이왕이면 오전인지, 오후인지 보여주는 시계라면 더욱 좋다. 환경적 자극이 제한된 병동에서 여러 날을 지내다 보면 꼭 정신 기능에 문제가 없더라도 저녁인지, 새벽인지 혼동할 때가 많기 때문이다.

달력은 계절 감각을 적절히 유지하기 위해서 거의 벗다시피 하고 있는 여자들 사진의 달력보다는 계절에 따른 풍경이 있는 달력이 훨씬 도움이 된다.

언젠가 한번은, 화가는 아니지만 그림 그리기를 즐기는 남자 환자가 입원했다. 마침 여름이었다. 그 환자는 병동 거실 한쪽 벽에 그림을 그리고 싶다는 제의를 해왔다. 병동 회의에서 논의한 후 한쪽 벽을 흰색 전지로 완전히 덮었다. 그 위에 갈매기가 날아가고 흰 돛단배도 두둥실 떠가는 푸른 바다가 그려졌다. 휴가도 못 가고 병실에서 지내야만 했던 환자나 치료진들은 여름 내내 그 그림을 보며 한껏 휴가 기분을 냈다. 벽화를 통해 여름이라는 계절 감각을 잃지 않고 지낼 수 있었다.

시간에 대한 지남력을 유지하기 위해 병동에서 시행했던 요법 중 하나는, 매월 마지막 주 미술 요법 시간에 다음 달 달력을 만드는 것이었다. 달력을 만들면 자연스럽게 한 달이 지나고 새 달이 오고 있음을 인식할 수 있어서 현실감 증진에 도움이 된다. 동시에 자신이 직접 만들었기에 세상에 하나밖에 없는 수제 달력을 침대 머리맡에 붙여놓고 쳐다볼 때마다 자존감을 높이는 데도 효과가 좋았다.

한번은 지남력에 문제가 있어 날짜를 자꾸 혼동하는 남자 어르신 환자가 있었다. 이 환자에게 도움이 될 게 뭐가 있을까 궁리하다 보니 일력이 떠올랐다. 일력이란 날짜, 요일 등을 각각 낱장으로 적어 매일 한 장씩 떼거나 젖혀서 보도록 만든 것이다. 특히 어르신들이 좋아하는 달력이다. 예전엔 연말이면 주로 금은방이나 포목점 같은 곳에서 홍보용 일력을 만들어 돌리곤 했다. 게다가 요즘같이 두루마리 화장지가 없어서 주로 신문지를 화장실 휴지로 사용하던 시절에, 얇은 습자지로 만든 일력은 크기도 적당한 데다가 한 장 한 장 뜯어서 사용할 수 있어서 그 당시로서는 최고급 화장실용 휴지로도 귀하게 사용했다.

예전과 달리 일력이 흔하지 않아 여기저기 수소문해서 간신히 하나를 구했다. 어렵사리 구한 일력인지라 흐뭇한 마음으로 그 환자 방에 걸면서, 아침마다 한 장씩 떼어내시라고 친절하게 설명하고 방을 나왔다. 그런데 이게 웬일! 일력을 걸어드린 지 얼마 되지 않아 같은 방을 쓰는 환자가 간호사실로 달려왔다.

"큰일 났어요. 빨리 와보세요, 빨리!"

황급히 그 방에 가보니 애써 걸어놓은 일력이 마지막 장까지 모두 뜯겨 병실 바닥에 수북이 쌓여 있었다.

"하루에 한 장씩만 뜯어야지 이렇게 한꺼번에 다 뜯으시면 어떡해요!"

오늘이 며칠인지, 여기가 병원인지 호텔인지 구별을 못하는 그 환자는 나를 멀뚱멀뚱 쳐다볼 뿐 대답이 없었다. 하루 만에 일 년이 지나가버린 셈이었다.

하루 만에 지나가버린 일 년을 보고 있자니 영화 〈벤자민 버튼의 시간은 거꾸로 간다〉가 생각났다. 벤자민 버튼이라는 주인공은 80세 노인의 모습으로 태어나 점점 젊어지다가 결국 아기 상태로 죽는다. 다른 사람들의 시간과 반대로 흘러가는 시간을 살아야 하는 그에게는 사랑하는 여인과의 사랑도 젊음의 시기가 교차하는 찰나에만 가능했다. 서로 역행하는 시간을 살기에 남자 주인공은 점점 젊어지고 여자 주인공은 늙어가지만 변하지 않는 사랑을 간직한 두 사람의 모습은 언제 떠올려도 가슴이 아리다. 80대 노인에서 시작해 20대 한창 젊은 모습으로 영상을 가득 채우던 브래드 피트의 풋풋한 매력도 압권이지만, 영화의 초반에 하나뿐인 아들의 전사 통지를 받고 슬픔에 빠진 시계공이 아들을 다시

품에 안아보고 싶은 절절한 마음에 '거꾸로 가는 시계'를 만든 장면도 오래도록 잊히지 않는다.

영화에서뿐만 아니라 실제로 '거꾸로 가는 시계'가 있다고 한다. 시계라는 기계만 거꾸로 가는 게 아니다. 현재보다 퇴보하는 현상에 대해서도 '시계가 거꾸로 간다'는 표현을 쓴다. 굳이 시간을 거스르는 사회현상이 아니더라도 우리는 많은 시간을 과거에 산다. 또 아직 오지도 않은 미래를 미리 당겨서 걱정하고 있을 때가 많다. 현재에 살고 있지 않다.

정신과 환자들에게만 지남력 장애가 있는 게 아니다. 반복되는 일상에 매몰되어 자신이 어디에 있는지, 무얼 하고 있는지 생각할 겨를도 없이 살아가는 우리 모두 지남력 장애를 갖고 있지만 그 사실조차 모르고 있는 것은 아닐까? 혹은 하루는 길고 지루하다고 여기면서, 그보다 긴 시간인 한 달 그리고 일 년은 너무 빠르다고 느끼는 역설적인 시간 감각 속에서 살고 있는 것은 아닐까?

사실 진정한 시간이란 시계나 달력으로 잴 수 있는 게 아니다. 시간을 나타내는 그리스어에는 크로노스Chronos와 카이로스Kairos가 있다. 흘러가는 시간인 크로노스는 누구에게나 하루 24시간, 일 년 365일 동일하게 주어지는 물리적이며 객관적인 시간이고, 측정 가능한 양적인 시간이다. 이에 반해 카이로스는 특별한 의미가 있는 특정한 시간을 말한다. 즉 카이로스는 사람들 각자에게 의미를 주는 주관적이며 정신적인 시간이다. 비록 아주 짧은 시간일지라도 구체적인 사건 속에서 놀라운 변화를 체험하거나 삶의 의미를 깨닫는 시간을 말한다. '아침에 도를 깨달으면 저녁에 죽어도 여한이 없다朝聞道夕死可矣'는 공자의 말도 카이로스의 시간을 사는 것을 의미한다.

이처럼 존재 의미를 느낄 수 있는 절대적인 시간인 카이로스는 기회의 신이기도 하다. 모두에게 공평하게 주어지는 크로노스의 시간 속에서 카이로스의 시간 즉 기회의 시간을 경험하는 것이 중요한데, 이를 위해서는 시간을 바라보는 개인의 자세가 관건이다. 악명 높은 나치스 수용소에서 살아남아 의미 치료의 창시자가 된 빅터 프랭클Viktor Emil Frankl은 『죽음의 수용소에서』에서 "비인간적인 환경의 수용소에서 겪는 고통이나 죽음과 같은 어려움 속에도 삶의 긍정적인 것을 얻을 수 있는 기회가 분명히 있다"라고 말했다. 평범한 환경에서는 도저히 도달할 수 없는 위대한 성취를 어려운 상황에서 이루어낼 수 있으며, 고난을 외면하지 않고 그 속에서 삶의 기회를 포착함으로써 카이로스의 시간을 살수 있다고 본 것이다.

거꾸로 흐르는 역설적인 시간 속에서 운명적인 사랑의 기회를 놓치지 않았던 벤자민 버튼처럼 도도히 흐르는 삶의 시간 속에 숨겨진 기회를 찾아내 크로노스의 시간을 카이로스의 시간으로 바꾸며 사는 것은 어떨까. 철학자 세네카의 말처럼 하루하루가 별개의 인생이라고 생각하면서, 하루는 짧지만 일 년은 두 눈 똑바로 뜨고 선택한 수많은 기회의 시간으로 살았으면 하는 소망을 가져본다.

경험으로

자존감

높이기

잘 살아가는 데 필수적인 자존감과 자신감은 어린 시절에 기틀이 만들어지지만 이후의 삶에서 어떤 경험을 하느냐에 따라 변화한다. 얼마만큼 긍정적 경험을 하느냐가 중요하다. 어떤 일에 도전해 그 일을 이루어내는 성공과 성취를 자주 경험함으로써 자존감이 높아지고, 인정과 지지를 받으며 성취해나가는 과정에서 자신감이 향상될 수 있다.

"우리 남편이 아귀탕 전문가인데……."
"와, 그럼 우리 아귀탕 해먹어요."

    월요일 아침 차 모임에서 그 주간에 있을 요리 실습 메뉴를 정하고
있었다. 지난주에 입원한 여자 환자의, 자기 남편이 아구탕 전문 식당을
한다는 말 한마디에 환자들 의견이 갑자기 '아귀탕'으로 쏠렸다. 요리
기구라 해봤자 만능 쿠커와 전기밥솥 정도가 고작인 병동에서 아귀탕이
가능할지 자신이 없었지만 '까짓것 한번 해보지, 뭐' 하는 마음에 환자
들의 결정을 따르기로 했다.
    요리 메뉴가 결정되면 주방장과 부주방장을 선출하는데, 비단 여자

환자뿐 아니라 남자 환자가 맡기도 한다. 주방장과 부주방장은 요리 실습 전 준비부터 설거지와 마무리까지 책임지며 요리 실습 내내 이것저것 지시하고 총괄한다. 때로는 호텔 주방장이 쓰는 모자와 비슷한 것을 만들어 쓰고 한껏 일류 주방장 분위기를 내기도 한다.

주방장과 부주방장에게는 요리 실습 전에 치료진과 함께 병원 가까이에 있는 마트로 장을 보러갈 수 있는 특권이 있기 때문에 때로 경쟁이 치열하기도 했다. 장 보러 외출하는 일은 단순히 바람 쐬는 것을 넘어서 물건을 고르고, 돈을 지불하는 등의 사회 기술 훈련이라는 중요한 치료적 목적이 있다.

정신과 병동에서 요리 실습을 하는 데는 여러 가지 신경 써야 할 점들이 많았다. 아무래도 병원이다 보니 요리 도구가 변변찮았다. 게다가 자해나 폭력 가능성이 있는 환자들도 있어 칼이나 가위처럼 자해 도구로 둔갑할 수 있는 위험한 요리 기구를 사용할 때는 머리털이 곤두설 정도로 신경이 쓰였다. 그래서 요리 실습을 할 때 칼은 아무나 잡을 수 없었다. 안전을 담보할 수 있는 환자들, 즉 퇴원 이야기가 오갈 정도로 회복되었거나 충동적인 위험 행동의 가능성이 없을 것으로 입증된 환자들만 칼을 사용할 수 있었다.

그런 조처 외에도 칼을 사용하는 환자 옆에는 간호사나 보호사가 붙어 서서 자연스럽게 얘기를 나누며 항상 만일의 사태에 대비한다. 이런 작전은 요리 실습 전에 치료진들끼리 미리 논의한다. 왜냐면 정신과 병동이니만큼 환자의 재활 측면에서의 치료 효과가 중요하지만 무엇보다 안전이 최우선이기 때문이다. 이렇게 극도로 신경이 쓰이는 요리 실습을 하라고 등 떠미는 사람도 없는데 왜 간호사들은 자청해서 이런 어려운 일들을 진행하는 것일까? 그 이유는 바로 환자들의 자신감을 높이기 위해서다.

정신과 환자들 중에는 삶의 질과 직결되는 자존감과 자신감이 문제가 될 정도로 낮은 경우가 많다. 환자들의 증상도 낮은 자존감과 자신감 부족에서 비롯된 경우가 많은데, 이럴 때는 환자가 잘할 수 있는 것을 발견해 강화해 줌으로써 자신감을 갖도록 하는 것이 중요하다. 자신감을 높이는 데는 다른 사람의 인정만 한 것이 없다. 그러려면 환자가 잘할 수 있는 것을 찾아내 여러 사람의 인정과 공감을 받을 수 있는 기회를 많이 만들어주어야 한다.

중년의 여자 환자가 입원했을 경우 평소에는 한 달에 두 번 정도 하는 요리 실습을 더 자주 하는 것도 다 그런 이유 때문이다. 요리 도구가 보잘것없을 뿐 아니라 여러 가지로 제약이 많지만 가능한 한 일반 가정에서의 요리처럼 하려 노력한다. 일종의 생활 요법인 셈이다.

잘 알려진 대로, 정신과 치료에서 대세를 이루고 있는 것은 약물 치료다. 약은 망상이나 환청, 난폭한 행동 같은 증상을 완화시키는 데는 효과적이지만 유감스럽게도 낮은 자존감과 부족한 자신감을 높이는 데는 별 도움이 되지 않는다. 번거롭고 게다가 위험이 도사리는데도 굳이 병동에서 요리 실습을 하는 이유는 환자들의 한없이 낮아져 있는 자신감을 회복하는 데 요리 실습을 비롯한 각종 치료 활동들이 도움이 되기 때문이다. 자신이 잘하는 것을 여러 사람 앞에서 드러내 보이고 인정과 칭찬을 받음으로써 성취감을 맛보면 바닥까지 떨어진 자신감이 조금씩 올라온다. 약이 못하는 일을 요리 실습이 해내는 것이다.

환자가 좋아질 수만 있다면, 환자의 구겨진 자존감을 되찾을 수만 있다면 어떤 위험도 무릅쓸 각오가 되어 있었기에 그 열정으로 정신과 병동에서 요리 실습을 할 수 있었다. 또한 그 열정을 공유한 간호사들이 똘똘 뭉쳤기에 가능한 일이기도 했다.

많은 심리학자들은 사람이 행복하게 살아가는 데는 자아 존중감自我尊重感 즉 자존감이 매우 중요하다고 본다. 자존감self-esteem이란 용어는 미국의 의사이자 철학자인 윌리엄 제임스William James가 1890년대에 처음 사용한 것으로, 자신이 그 자체로 사랑받을 만한 가치가 있는 소중한 존재라고 여기는 것이며, 어떤 성과를 이루어낼 만한 유능한 사람이라고 생각하는 것이다. 자존감은 객관적인 판단이 아닌 자신의 주관적인 판단에 따라 좌우된다. 그렇기에 놀랍게도 남들이 그토록 목매고 들어가려는 소위 일류 대학 학생들의 자존감 수치가 중위권 대학의 학생들의 그것보다 높지 않다는 결과를 종종 보게 된다. 또한 누가 봐도 빼어난 외모를 지녔는데도 이목구비가 민주적으로 생긴 나머지 쳐다보기가 민망한 사람보다 오히려 자존감이 낮을 수도 있다.

실제로 수간호사로 재직하고 있는 동안 병동 간호사들과 1박을 하며 자기 성찰 프로그램을 진행한 적이 있다. 그때도 대한민국에서 제일 좋다고 손꼽히는 대학 출신 간호사보다 지방대 출신 간호사가 훨씬 자존감 수치가 높아서 서로 깜짝 놀란 적이 있다.

그렇다면 자존감은 우리 삶에 어떤 영향을 미칠까? 자존감은 학업 성적과 업무 수행 능력, 리더십, 위기 극복 능력, 대인 관계 등 삶의 많은 영역에 영향을 미친다. 자존감이 높은 사람은 주관적으로는 행복감을 많이 느끼고 더 나아가 대인 관계도 좋다. 한편 자신감自信感은 개인이 가진 기능으로 무엇을 할 수 있는지에 대한 판단을 뜻하며, 한마디로 자신이 있다는 느낌이다.

잘 살아가는 데 필수적인 자존감과 자신감은 어린 시절에 기틀이 만들어지지만 이후의 삶에서 어떤 경험을 하느냐에 따라 변화한다. 얼마만큼 긍정적 경험을 하느냐 중요하다. 어떤 일에 도전해 그 일을 이루어내는 성공과 성취를 자주 경험함으로써 자존감이 높아지고, 인정과 지지를 받으며 성취해나가는 과정에서 자신감이 향상될 수 있다. 꼭 큰 성공이 아니어도 좋다. 작은 성취감이 쌓여 자존감과 자신감을 향상시킨다.

이러한 이유에서, 병동에서는 잠재적 위험성이 있고 번거롭긴 하지만 다양한 활동을 계획하고 수행함으로써, 이를 통해 환자들이 성취감을 맛보고 자존감과 자신감을 향상시킬 수 있는 기회를 제공하는 것이다.

면회 왔던 보호자는 아귀탕이 요리 메뉴로 결정되었다는 사실을 전해 듣고는 자신도 치료에 기여할 수 있다는 생각에 신바람이 났다. 재료 사는 것, 다듬고 끓이기 등 모든 과정을 적극 돕겠다고 나섰다. 아귀 손질하는 것은 냄새도 그렇고 병동에서는 하기 어렵다며, 요리 실습 당일 집에서 미리 손질해왔다. 전문 요리사의 지도 편달 아래 미나리를 다듬고(난 그때 미나리에 거머리가 있을 수 있다는 사실을 처음 알았다!) 요리가 착착 진행되었다. 드디어 만능 쿠커에 온갖 재료를 넣고 끓이자 온 병동에 그럴듯한 아귀탕 냄새가 진동하기 시작했다. 때마침 점심 식사가 도착했다. 각 식탁 한가운데에 아귀탕이 자리 잡고 환자들 앞에는 개인접시가 놓이면서 나름 훌륭한 아귀탕 전문 식당 본새를 갖추었다.

평소에는 병원에 대해 이런저런 불만도 많고 오로지 퇴원만을 소원하던 환자들이었지만, 입맛을 돋우는 얼큰한 아귀탕을 먹으면서는 "입원하기 잘했다", "계속 입원해야겠다"라는 이야기가 오갔다. 땀을 뻘뻘 흘리면서 남부럽지 않게 아귀탕을 먹는 환자들의 얼굴엔 잠시나마 생기가 돌았다.

비록 아귀 가격이 비싸서 푸짐하게 먹지는 못했지만 삼시 세 끼 똑같은 병원 밥에 물린 환자들에게 마치 외식하는 분위기를 선사해준 고마운 아귀탕이었다!

음식은

화해와 용서의

예술이다

기도와 묵상, 아름다운 찬송가로도 해결하지 못한 사람들 사이의 간격을 음식이 메워주고, 요리가 따뜻한 마음을 일깨우고 사랑을 되찾아주었다. 누군가를 위해 자신의 모든 것을 내어놓으면서 만든 바베트의 음식은 식탁 위에서 화해와 용서의 예술을 펼쳐보였다.

"직장에서 잘리면 당신이 책임질 거야?"

병동 문 앞에서 남자 환자가 면담을 끝내고 나가려는 여자 주치의를 못 나가게 막고 서서 큰소리로 으름장을 놓았다. 빨리 복귀하지 않으면 직장에서 잘린다며 외래에서 치료를 받을 테니 당장 퇴원시키라는 것이었다. 주치의는 가족들이 조치를 다 취해놓았으니 회사 걱정은 하지 말라고 설명했지만 환자는 막무가내였다. 결국 남자 보호사와 의료진 몇 명이 합세해 그 환자를 주치의에게서 간신히 떼어놓았다. 남자 환자는 얼굴을 있는 대로 구긴 채 퇴원시켜 줄 때까지 병원에서 주는 밥은 절대 먹지 않겠노라고 단식 투쟁을 선언했다. 그러고 나서 병실로 들어가 문을 거칠게 닫고는 이불을 뒤집어쓰고 누워 버렸다.

뒤이어 기다리고 있었다는 듯 여자 환자 둘이 불편해서 죽어도 같은 방을 못 쓰겠다, 당장 다른 방으로 바꿔주지 않으면 보호자 불러서 다른 병원으로 가겠다며 간호사실 앞에서 큰 목소리로 내가 옳으니, 네가 그르니 하며 싸웠다.

가는 날이 장날이라고, 마침 요리 실습을 하는 날이라 병동은 북새통이었다. 요리 실습에 참여하는 환자들의 상태가 안정된 데 반해 상태가 안 좋은 환자들은 치료자의 손이 덜 가게 되니 더 불안정해지기 쉬운 탓이었다.

병동 분위기가 어수선했지만 요리 실습은 예정대로 진행되었다. 메뉴는 '만두'였다. 병동이긴 해도 요리 실습 메뉴는 가급적 계절을 고려해서 정했다. 여름이면 감자나 옥수수, 냉면을 많이 먹었고, 장마 시기인 6월에는 어느 유행가 가사에서처럼 빈대떡 같은 부침개가 단골 메뉴였다. 겨울엔 단연 떡볶이와 만두가 인기였다.

또한 명절을 앞두고는 명절에 어울리는 요리를 했다. 추석 가까이에는 송편을 빚고, 설 명절을 앞두고는 만두를 빚었다. 멀리 떨어져서 지내던 가족을 만나기 위해 온 나라가 '민족 대이동'을 하느라 몸살을 앓는 명절을 병원에서 보내야 하는 환자들은 다른 때보다 외롭고 쓸쓸하다. 이럴 때 병동에 남은 환자들이 모여 앉아 함께 명절 음식을 만드는 것이 그나마 위안이 되었다. 특히 만두는 꼭 설날이 아니어도 겨울철에는 자주 만들어 먹던 겨울철 별미였다.

만두를 빚으려면 우선 여러 재료를 고루 섞어 만두소를 만들어야 한다. 또한 만두소를 넣을 만두피가 있어야 한다. 요즘에야 만두피를 열 장, 스무 장씩 포장해서 판매하지만 예전에는 밀가루 반죽을 밀대로 밀어서 만두피를 일일이 만들었다. 이렇게 만든 만두피에 만두소를 넣고 맞붙인 후 꼭꼭 눌러서 터지지 않게 만든다. 만두는 이처럼 손이 많이 가는 음식이라 혼자서는 만들기가 어렵다. 그러다 보니 가족이 모이는 명절에 만들어야 제격이다.

온 가족이 둥그렇게 둘러앉아 만두를 빚으면서 그동안 못 나눴던 얘기, 옛날 얘기들로 이야기꽃을 피울 수 있어서 더욱 정겹다. 게다가 분명 같은 만두피에 똑같은 만두소를 넣어 빚었는데도 사람에 따라 모양이 제각각이어서 만두를 서로 비교해가며 한바탕 웃는다. 또한 만두를 먹을 때 "이것은 네가 만든 거, 저것은 내가 만든 거" 하며 다시 한 번 웃음바다를 이룬다.

황해도가 고향인 친정엄마는 명절이 아니더라도 생일을 비롯한 특별한 날에는 꼭 만두를 빚으셨다. 엄마가 만드는 이북 만두는 한입에 먹기에는 버거울 정도로 커서 어린 입으로 베어 먹다보면 만두소가 우수수 떨어져 곤혹스러웠던 기억이 난다. 고향이 남쪽 지방이어서 만두를 먹을 기회가 별로 없었던 남편은 만두를 좋아하는 장모 덕분에 맛있는 만두를 자주 먹게 되었다고 좋아했다.

영화에서 가장 많이 나오는 장면 중 하나가 먹는 장면이라는데, 그에 걸맞게 음식이나 요리를 소재로 다룬 영화가 많다. 그중에서도 일본 영화 〈토일렛〉은 언어가 달라 전혀 소통이 안 되던, 국적이 다른 할머니와 세 손자 손녀가 만두를 통해 소통하게 되는 모습을 잔잔하게 그려내고 있다. 아이들은 엄마가 살아생전 만들어주던 만두를 할머니와 같이 만들고 먹으면서 가족의 사랑을 느끼고, 마침내 각자가 지니고 있던 마음 속 상처까지 치유한다. 어쩌면 다양한 속 재료가 고루 섞인 후 만두피에 담겨 또 다른 모습의 음식으로 탄생하는 만두는 비록 한 지붕 밑에 있으나 각자 존재하던 불통의 가족이 화합해가는 모습 그 자체가 아닐까.

음식을 통해 화해를 넘어 치유에까지 이르는 영화는 이외에도 많다. 중국 영화 〈음식남녀〉에서는 최고의 요리사로 일생을 살아온 아버지가 딸이 만든 국을 맛보는 순간 미각을 되찾는다. 음식을 통해 마음속 깊은 곳에 자리 잡고 있던 갈등이 해결되면서 부녀간의 사랑이 회복되고, 몇 년째 미각을 잃고 있던 아버지의 절망이 치유된 것이다.

음식을 통한 화해가 예술의 경지에 이를 수 있음을 보여주는 영화로는 단연 덴마크 영화 〈바베트의 만찬〉을 꼽을 수 있다. 프랑스 최고의

요리사인 자신의 신분을 숨긴 채 덴마크 작은 마을에서 조용히 자매와 지내는 바베트. 그녀는 매해 갱신해오던 복권에 당첨되어 1만 프랑의 거액을 받게 된다. 큰돈이 생겼으니 곧 마을을 떠날 거라 생각한 자매의 예상과 달리 그녀는 마을 사람들에게 만찬을 제공하는 데 그 거액을 송두리째 사용한다. 마을 사람들은 서로에 대한 불신과 냉담으로 점점 반목하고 있었기에 만찬이 시작되었을 때는 서먹서먹해하고 엄청난 요리에 어안이 벙벙했지만 만찬이 무르익어가면서 얼음장 같던 마음들이 차츰차츰 녹는다.

기도와 묵상, 아름다운 찬송가로도 해결하지 못한 마을 사람들 사이의 간격을 음식이 메워주고, 요리가 따뜻한 마음을 일깨우고 사랑을 되찾아주었다. 누군가를 위해 자신의 모든 것을 내어놓으면서 만든 바베트의 음식은 식탁 위에서 화해와 용서의 예술을 펼쳐보였다.

이와 같이 요리를 소재로 한 영화들은 비록 나라와 감독, 소재가 다를지라도 하나같이 따뜻함이 있고 감동을 준다. 맛난 음식을 먹는 사람들의 표정은 부드러워지고 그 모습을 보는 이들은 더불어 행복해진다. 이렇듯 음식은 사람을 행복하게 해주는 묘약이다.

요리를 통한 화해가 단지 영화에서만 일어나는 것은 아니다. 음식 솜씨가 좋은 여자 환자들과 보호사 아주머니가 중심이 되어 만두소가 완성되었고, 그것을 적당히 나누어 여기저기에 놓았다. 남은 환자들 모두 기다렸다는 듯이 숟가락을 하나씩 꿰차고 만두를 빚기 시작하자 요리 실습 분위기는 한층 고조되었다. 마침 병동에는 아서 왕 전설에 등장하는 원탁의 기사들이 둘러앉았을 법한 커다란 둥근 탁자가 있었다. 모두 원탁에 둥글게 둘러앉아 우리 집에선 이런 모양으로 만든다, 저런 모양으로 만든다며 다양한 만두 모양만큼이나 많은 만두에 얽힌 이야기꽃을 피우느라 여념이 없었다.

병동 생활에 불만이 많아 간호사에게 사사건건 시비를 걸던 환자도 언제 그랬느냐는 듯 환한 얼굴로 만두 빚는 판에 끼어들었다. 조금 전까지만 해도 퇴원시켜 달라고 조르다 못해 단식 투쟁을 선언하고 방에 틀어박혔던 환자도 어느새 나와서 만두 빚는 광경을 물끄러미 바라보더니 슬그머니 엉덩이를 디밀고 앉아서 숟가락과 만두피를 집어 들었다. 맞은편에는 퇴원은 절대 안 된다며 강경하게 환자를 설득하던 여자 의사가 남자 환자에게 슬쩍 눈길을 주었다가 슬며시 미소 지으며 만두를 빚고 있었다.

방 짝 때문에 못 살겠다며 당장 방 바꿔 달라고 아우성치던 두 여자 환자도 언제 싸웠냐는 듯이 나란히 정답게 앉아, 사람들에게 상대방이 빚은 만두가 너무 예쁘다면서 치켜세우느라 정신이 없었다. 병동에 잠시 들른 심리학자와 사회 복지사도 "와, 만두다!" 반색을 하며 만두 빚는 자리에 합석했다.

서로 만든 만두를 곁눈질하며 "이 만두 참 예쁘네", "저 만두는 주인 닮아 못생겼네" 하며 왁자지껄 얘기를 나누다 보니 어느새 병동은 하나의 집이요 우리 모두는 한 가족이었다. 서로의 입장 때문에 생긴 경계를 만두가 허물었다. 요리로 화합을 이루었다.

_____진짜 나와

_____가짜 나

_____구별하기

정해진 각본이나 역할은 물론 연습도 없는 인생이라는 무대에서 연극 배우로서의 삶을 제대로 살아내려면 어떠한 역할이 주어지든 주인공이 되어 그 삶에 일치하도록 최선을 다하며 살아야 할 것이다. 하지만 "자기가 맡은 역할에 충실하되, 집착하지도 매달리지도 마라"라는 에픽테토스의 말을 잊지 말아야겠다.

평간호사로 근무하던 해에는 유난히 연극을 많이 했다. 〈심청전〉을 공연할 때의 일이다. 비번이었지만 병동의 큰 행사인 연극이 있는 날이라 병동에 나와 준비실에서 정신없이 돕고 있는데 연출자가 갑자기 뛰어 들어와 다급하게 소리쳤다.

"큰일 났어요. 뺑덕어멈 역이 펑크 났어요. 주 간호사님이 대신 하셔야겠어요."

그동안 뺑덕어멈 역을 연습해왔던 여자 환자가 공연 시간이 다가오자 너무 불안해서 못 하겠다며 자기 방 침대에 누워 꼼짝 않고 버텼기 때문이다. 급작스런 출연 제의(?)에 당황한 내가 부랴부랴 그 여자 환자에게 달려가서 어르고 달래보았으나 소용이 없었다. 이미 연극은 시작되었고 도리가 없었다. 준비실에 있는 한복 중 가장 맞을 만한 것 하나를 겨우 골랐다. 아무 데나 참견하는 푼수댁처럼 우스꽝스럽게 분장하랴, 대사를 외우랴, 난리법석을 치며 뺑덕어멈이 출연하는 장면에 정신없이 무대로 뛰어나갔다. 순간의 재치와 애드리브로 가까스로 위기를 넘기고 있는데 갑자기 관객석에서 누군가 큰 소리로 "이 연극엔 외국인도 나오네요"라고 외치는 게 아닌가!

연극을 보러 온 옆 병동 환자가 수입품(?) 같이 생긴 내가 출연하자 소리친 것이었다. 그 말에 사람들 사이에서 "와!" 하고 웃음이 터져나왔다. 심청이를 뱃사람들에게 소개해주는 장면까지 무사히 마치고 간호실로 들어서는 나를 붙들고 동료 간호사들과 의사들은 웃느라 정신이 없었다. 아직도 당황해서 정신이 없는 나는 몸에 잘 맞지도 않는 한복을 괜스레 만지작거리면서 "이번 심청전은 외국인도 출연한 국제적인 연극이라고요"라고 중얼거리며 따라 웃을 수밖에!

연극에서는 출연 배우가 갑자기 아프거나 사고 등의 이유로 무대에 설 수 없을 때를 대비해서 대역 배우 즉 언더스터디understudy를 준비한다. 주연 배우 대신 무대에 오른 언더스터디가 일약 톱스타가 된 에피소드를 종종 듣게 된다. 대타가 홈런을 친 격이다. 말하자면 그날 갑자기 무대에 서게 된 나는 준비되지 않은 언더스터디였던 셈이다.

주로 환자들이 배우로 등장하는 병동 연극에서는 필히 언더스터디가 있어야 한다. 연습 때 잘하다가도 막상 공연하는 날에 불안증이 너무 심해 출연할 수 없는 환자가 발생하는가 하면 예정에도 없던 퇴원을 하는 환자가 생기기 때문이다. 반면 연습도 잘 하지 않고 강 건너 불구경하듯 무심해서 치료진들이 거의 포기하고 있었는데 공연 당일에 막힘없이 대사를 읊어 "역시!" 하며 치료진의 탄성을 자아냈던 명문대학 출신의 환자 또한 잊을 수가 없다.

환자들과 치료자들이 어우러져 기획하고 공연했던 연극에는 많은 추억이 서려 있다. 병동에서 공연했던 연극의 단골 메뉴는 뭐니 뭐니 해도 〈춘향전〉, 〈별주부전〉, 〈심청전〉 같은 우리나라 고전극이었다. 그런가 하면 크리스마스 파티 때는 절기 분위기에 맞게 구두쇠 스크루지가 주인공으로 나오는 〈크리스마스 캐럴〉을 자주 공연했다.

공연 작품이 결정되면 각본을 병동 현실에 맞춰 각색한다. 가령 〈별주부전〉에서는 중병에 걸린 용왕을 살리기 위해 토끼 간을 구해오면 포상으로 (환자들이 가장 갈망하는) '퇴원'을 시켜주겠다는 대사를 넣는다. 돌이켜보면 아카데미 각색상을 받아도 손색이 없을 실력들이었다. 몇날 며칠 동안 낮 시간이든 저녁 시간이든 대본을 외우고 동작을 넣는 맹연습을 계속했다.

여느 연극에서와 마찬가지로, 환자들이 편안하게 출연하고 연극을 원활히 진행하기 위해 무대 뒤에서 대사를 읽어주는 프롬프터가 있게 마련인데, 가끔은 프롬프터의 목소리가 너무 큰 나머지 객석까지 들려 관객들의 웃음이 터졌다.

연극을 할 때 대개 주역은 환자들이 맡고 단역이나 엑스트라, 예를 들면 〈춘향전〉에서 기생 섭섭이, 〈심청전〉의 뺑덕어멈, 〈별주부전〉의 문어 같은 역은 간호사 또는 실습 학생들이 맡곤 했다. 간호사들은 엑스트라 출연 외에도 연극의 배경을 만들고 필요한 소품과 출연자들의 분장을 위해 집이나 기숙사에서 화장품, 한복 등 있는 것 없는 것 다 동원하느라 동분서주했다.

정신과 병동에서 시행하는 치료 활동 중 가장 손이 많이 가고 정성을 기울여야 하는 활동이 바로 연극이다. 정기적으로 연극을 하는 것은 아니지만 적게는 일 년에 한두 번, 많으면 서너 번씩 공연을 했다. 특히 실습 학생 중에 연극반 동아리 학생이 있거나 연극에 관심이 많은 의료진이 있는 경우엔 자연히 공연 횟수가 잦아진다.

정신과 환자들은 현실에서 관심을 거두는 대신 그 관심이 온통 자신의 내면세계에 고착되어 있는 경우가 많다. 또는 이전의 발달 상태로 퇴행한 경우도 있다. 연극은 다른 치료 활동처럼 환자들이 현실 세계로 나올 수 있도록 도움을 준다. 자신이 맡은 역에 따른 대사를 외워야 하고,

다른 역을 맡은 사람들과 함께 어우러져야 하기 때문이다.

부수적인 효과 또한 적지 않았을 것이다. 다른 치료 활동과 달리 연극은 환자와 치료진 사이의 보이지 않는 경계가 자연스럽게 무너질 수 있는 기회를 제공하기 때문이다. 예를 들면 변 사또 역을 맡은 환자가 기생 역을 맡은 간호사에게 호령을 하고 야단도 치면서 평소와는 완전히 다른 역할을 하게 되니 말이다. 이런 역할의 반전을 통해 평소에 환자들이 느꼈을 치료진에 대한 억하심정이 조금은 해소될 수 있었을 것이라고 생각하는 것은 지나친 억측일까.

셰익스피어를 비롯하여 많은 역사적 인물들이 인생을 연극에 비유하기를 즐겼다. 로마 시대의 스토아학파 철학자 에픽테토스Epiktètos 또한 일찍이 세상을 한 편의 연극에, 우리 각자를 배우에 비유하면서 어떤 처지에 놓였더라도 삶이라는 연극에서 주어진 배우로서의 역할에 최선을 다할 것을 강조했다. 삶에서 부여받은 역할에 충실한 상태의 극치는 불교에서 말하는 화작化作일 것이다. 화작이란 나를 버리고 인연에 따라서 모양을 바꾸는 것을 의미하는 수행의 가장 높은 단계다.

"삶은 연극이요, 우리 모두는 배우"라고 하면 생각나는 단어가 페르소나persona다. 고대 그리스 연극에서는 배우들이 가면을 썼는데 이것을 페르소나라고 한다. 이후 정신분석학에서는 인간이 집단 속에서 살아가기 위해 사회적 요구에 맞춰서 얼굴에 쓰는 '가면'을 나타내는 용어로 사용하고 있다. 페르소나에는 다른 사람들에게 보이는 역할, 태도, 행동이 포함된다. 즉 주로 명함에 인쇄된 직함이나 호칭이 바로 사회적 활동을 위한 페르소나다.

실제로 사람들은 살아가면서 요구되는 역할에 따라 여러 가지 가면을 썼다 벗었다 한다. 살아가는 동안 많은 페르소나를 사용하며, 여러 개를 동시에 사용하기도 한다. 페르소나가 강한 경우 맡은 역할을 이행하는 데는 도움이 되지만, 그 역할에 과다하게 몰입한 나머지 다른 역할을 수행해야 할 때는 어려움이 발생할 수 있다.

최영미 시인은 「권위란 2」 시에서 페르소나에 지나치게 충실한 사람의 모습을 다음과 같이 그려내고 있다.

그 무거운 왕관을 쓰고자

장갑을 낀 채 악수를 나누고

이맛살을 찌푸리며 눈물을 말리고

터져나오는 웃음도 양복 호주머니에 밀어넣는다.

그렇게 그들은 평생을 연극배우로 살다 간다.

연기자는 페르소나와 동일할수록 찬사를 받지만, 일반인들은 외부에서 요구되는 페르소나와 자신을 지나치게 동일시하면 진정한 자기에게서 멀어지고 따라서 정신 건강이 위협을 받는다. 동일시가 심해지면 페르소나와 자신이 분리되지 않아 자기의 본모습이 무엇인지 모르는 상태가 되어 병리적인 지경에까지 이른다.

심지어 실제 배우들조차도 부정적인 배역을 맡았던 경우 연기가 끝난 후 심리 상담을 받는다고 한다. 실제 삶과 혼동을 일으킬 수 있는 과도한 동일시에서 빠져나오기 위해서다.

이러한 페르소나를 상황에 맞게 쓰고 벗을 수 있어야 건강한 사람이다. 또한 페르소나와 가면 뒤의 진짜 자기를 구별할 수 있는 사람이 정신적으로 건강한 사람이다. 그런 점에서 진짜 나와 내가 아닌 것을 구분하는 게 중요하다. 진정한 자기는 누구의 눈치도 보지 않고 자기 마음속에서 일어나는 것들, 즉 진정한 내면의 소리에 귀 기울일 때 찾을 수 있다. 진정한 자기를 찾기 위해서는 가면을 벗어던지고 자신의 마음으로 여행을 떠나야 한다. 진정한 자기를 알고 적절히 표현하면 마음이 편안해진다. 그런 다음 자기실현을 이룰 수 있다.

어설픈 점이 많은 공연이었지만 병동 연극을 통해서 인생의 교훈을 많이 얻을 수 있었다. 준비가 잘 되었더라도 막상 공연에 참석하지 못하는 경우도 있었고, 반면 전혀 준비가 안 되어 있더라도 예상하지 못한 기회가 왔을 때 잘하는 경우도 있었다.

병동에서 했던 연극을 회상하고 있노라니 언더스터디도 없고 프롬프터도 없는 인생 무대에서 이미 하기로 되어 있는 역을 못 하겠다고 발뺌하고 있지는 않은지 나 자신을 돌아보게 된다. 내 역할이 마음에 안든다며 건성건성 하면서 남의 역할이 탐나서 거기에 눈길 주느라 허송세월 보내고 있는 것은 아닌지 살펴봐야겠다.

정해진 각본이나 역할은 물론 연습도 없는 인생이라는 무대에서 연극배우로서의 삶을 제대로 살아내려면 어떠한 역할이 주어지든 주인공이 되어 그 삶에 일치하도록 최선을 다하며 살아야 할 것이다. 하지만 "자기가 맡은 역할에 충실하되, 집착하지도 매달리지도 마라"라는 에픽테토스의 말을 잊지 말아야겠다.

삶이라는 연극 무대의 작가이자 감독이며 동시에 주인공인 우리는 하루하루 주어진 역할을 하며 살아가면서 가끔은 엉뚱한 대사를 읊을 때도 있고, 때로는 버벅대기도 한다. 하지만 혹시 알겠는가, 생각지도 않은 명대사가 튀어나와 사람들을 감동의 도가니로 몰아넣을지…….

사소함 속에___

숨은_____

건강_____

사소하더라도 건강한 부분을 조금씩 넓혀나가면 상대적으로 병적인 부분은 줄어들게 되어 있다. 그리고 건강한 부분을 늘릴 수 있는 가장 효과적인 방법 중 하나가 다양한 활동이다. 즉 치료 활동을 통해 환자의 건강한 부분을 증대시키다 보면 결과적으로 병적인 부분도 조절될 수 있다.

장마 아니랄까 봐 일주일 넘게 비가 내리고 있다.

주룩주룩 하염없이 내리는 비 때문에 마음도 가라앉는다. 폐쇄된 공간인 정신과 병동에서는 더욱 기분이 가라앉기 십상이다. 며칠째 내리는 비 자체가 기분을 우울하게 만들기도 하지만, 환자들로서는 무엇보다도 가장 좋아하는 산책을 나갈 수 없기 때문에 하루하루가 지루한 나날이 되어버린다.

이럴 때 간호사들은 어떻게 해서든 환자들의 기분을 끌어올리려고 애쓴다. 가라앉은 병동 분위기를 업 시키기 위해 제일 많이 하는 임시방편 중 하나가 차를 마시며 좋아하는 음악을 듣는 거다. 치료진이 일방적으로 진행하는 게 아니라 음악을 좋아하고 잘 아는 환자가 DJ가 되고,

환자들이 간호사실 유리벽에 붙은 레코드판과 카세트 테이프 목록 중에서 자신이 좋아하는 노래를 골라 종이에 적어 사연과 함께 신청한다. DJ가 된 환자는 여러 면에서 어깨가 으쓱한다. 환자로서는 여간해서 들어올 수 없는, 성역과도 같은 간호사실에 들어올 수 있는 특권이 주어지기 때문이다.

요즘은 스마트폰을 통해 음악을 무한정 들을 수 있어서 좋지만 그만큼 좋아하는 노래에 대한 애틋함은 예전보다 훨씬 덜하다. 1970년대 이전에는 자기가 좋아하는 노래라고 해도 기껏해야 라디오에서 우연히 듣는 게 고작이었고, 더러 적극적인 친구들은 엽서나 전화로 방송국 음악 프로그램에 노래를 신청해 드물게 들을 수 있었다.

전축이 일반 가정에 들어온 이후 노래 듣기가 훨씬 수월해지긴 했으나 집을 벗어나면 그나마도 힘들었다. 초등학교 때 텔레비전이 있는 부잣집 친구에게 아부해 텔레비전을 얻어 보았듯이, 중·고등학생 시절엔 전축 있는 친구 집에 몰려가 좋아하는 음악에 심취하곤 했다. 그 이후에는 카세트테이프 플레이어가 나왔다. 좋아하는 음악을 테이프에 녹음하는 게 유행이어서 음악 프로그램 시간에 녹음할 만반의 준비를 하고 있다가 좋아하는 노래가 나오면 잡음이 들어갈세라 숨을 죽이고 녹음했다. 차츰 비용을 지불하면 원하는 노래를 대신 녹음해주는 가게들도 생졌다. 뭐니 뭐니 해도 좋아하는 음악을 아무 데서나 들을 수 있게 된 것은 워크맨의 출현 때부터라고 볼 수 있다.

내가 대학을 다니던 1970년대에는 다방이 많았다. 아니, 대학 신입생이면 마치 정해져 있는 룰처럼 꼭 가는 몇 군데가 있었다. 명동에 있는 순두붓집과 칼국숫집, 종로와 명동의 음악다방 등……. 처음 마셔본 쓰디쓴 커피, 숨이 막힐 듯 꽉 차 있던 담배 연기, 마치 동굴에 들어온 것 같은 어둠, 귀가 먹먹할 정도로 크게 틀어놓은 노래, 이것이 그 시대 다방의 풍경이었다.

처음 마시는 커피는 솔직히 무슨 맛인지 모르면서, 커피를 마셔야 대학생이 된 것처럼 덩달아 마셨다. 다방에 가는 또 하나의 중요한 이유는 커피와 더불어 신청 음악을 틀어주는 DJ가 있기 때문이었다. 그러니 이왕이면 청바지라고, 당근 DJ가 있는 다방을 자주 갈 수밖에.

〈All for the love of a girl〉, 〈The House of Rising Sun〉, 〈Without you〉 등은 가히 팝송의 고전이라고 할 수 있었다. 나중에는 다방뿐 아니라 떡볶이로 유명한 신당동 떡볶이집에도 DJ가 있었음을, 노래방에서 가수 뺨칠 정도로 노래를 잘 부르는 후배가 〈허리케인 박〉이라는 노래를 불렀을 때 알게 되었다.

떡볶이 한 접시에

라면 쫄면 사리 하나

없는 돈에 시켜봤지만

그녀는 좋아하는 떡볶이는 제쳐두고

쳐다본 것은 쳐다본 것은

뮤직 박스 안의 DJ라네

무스에 앞가르마 도끼 빗 뒤에 꽂은

신당동 허리케인 박

신당동 허리케인 박

뮤직 박스 안에 허리케인 박

삼각관계!

　다방의 DJ들은 떡볶이집 뮤직 박스 안의 허리케인 박처럼 대개는 멋과 분위기를 한껏 내는 젊은 남자들이었다. 재담까지 겸비한 DJ들이 많아 그들의 외모와 역량에 따라서 젊은 여자 손님들이 몰려다녔으니, 그 시절엔 당연히 다방마다 인기 있는 DJ들을 서로 모셔가려고 갖은 애를 썼다.

비 오는 날 병동에서 DJ를 맡는 환자는 남자일 때도 있고 여자일 때도 있었다. 다방이나 떡볶이집 DJ만큼 분위기를 내진 못해도 전축 마이크를 통해 환자들이 적어서 건넨 사연을 하나하나 읽어주면서 신청 곡을 틀어주었다. 이때 DJ만큼 중요한 역할은 차를 준비하는 당번이다. 시간이 넉넉한 상태에서 갖는 차 모임이니만큼, 차 종류를 대충 준비할 때와는 달리 환자와 치료자 모두에게 일일이 원하는 메뉴를 물어서 각자가 원하는 커피나 차를 준비해주었다.

그렇게 일대일 맞춤 차를 준비하는 모습을 보고 있노라니 다방을 드나들던 시절의 일이 생각났다. 커피 값 좀 아껴보려고 커피 마신 척 하고 앉아 있으면 여자 종업원들이 귀신같이 찾아내서는 단 한 번의 예외 없이 "커피 주문하세요!" 하며 차 주문을 받아내던 모습이 신기할 따름이었다. 그 시절 아무리 만원 버스여도 요리조리 안으로 헤집고 들어와 버스 요금 안 낸 승객을 찾아 기어코 요금을 받던 여자 차장과 더불어 가히 달인의 경지에 이른 직업인들이었다.

거실에 모여 앉은 환자들은 자신이 신청한 노래가 스피커를 타고 흘러나오면 박수를 하며 환호했다. 또 좋아하는 차를 마시면서 노래와 함께 추억에 잠기거나 삼삼오오 모여앉아 신청 곡에 담긴 옛날 사연을 주고받았다. 일일찻집으로 바뀐 병동 거실을 바라보고 있자니 비와 함께 가라앉았던 기분이 어느덧 사라져버렸다. 오히려 음악을 곁들인 차와 함께 비 내리는 낭만 가득한 오후 시간이 되었다.

요즘은 약물 치료가 정신과 치료의 대세다. 그러나 여전히 다양한 치료 활동들도 많이 행해진다. 사소하더라도 건강한 부분을 조금씩 넓혀 나가면 상대적으로 병적인 부분이 줄어들게 되어 있기 때문이다. 그리고 건강한 부분을 늘릴 수 있는 가장 효과적인 방법 중 하나가 다양한 활동이다. 즉 치료 활동을 통해 환자의 건강한 부분을 증대시키다 보면 결과적으로 병적인 부분도 조절될 수 있다.

명확히 말해서 약물이 환자의 병적인 부분에 초점을 둔 직접적인 치료라면, 치료 활동은 환자의 건강한 부분과 잠재력에 초점을 맞추는 치료다. 약을 먹음으로써 증상이 감소되듯이, 적절한 치료 활동은 병세 호전에 도움을 준다.

실제로 치료 활동을 통해 치료자와 환자들 사이는 물론 환자들끼리도 훨씬 친밀해졌다. 또한 활동에 참여하다 보니 자연히 망상이나 환청 같은 증상에 몰두하는 시간이 줄고 현실에 대한 관심이 증가했다. 병동에서 경험했던 치료 활동들을 통해 자신감을 갖게 되고 대인 관계에도 도움이 되었다고 환자들에게도 긍정적인 평가를 많이 들었다.

단언컨대 그때 그 시절 간호사들이 하지 않아도 되고, 시키지도 않은 다양한 치료 활동들을 주도적으로 했던 것은 오로지 환자를 사랑하는 마음과 열정 때문이었다.

사연과 함께 신청받은 노래를 듣다 보니 어느덧 오후 약 먹는 시간이
되었다. 모두들 아쉬움을 뒤로하고 약 먹을 물컵을 가지러 병실로 들어
갔다. 얼굴이 발그레 상기된 DJ 환자는 장맛비 덕분에 오랜만에 자신의
취미를 살릴 수 있었다며 행복해했다. 그것도 평소엔 출입이 엄격히 금
지된 간호사실에서라니! 우리 또한 멋진 DJ 덕분에 분위기 좋았다고, 수
고 많았다고 찬사를 보냈다.

얻는 게 있으면 잃는 것도 있는 법. 이제는 언제 어디서나 듣고 싶은
노래와 음악을 들을 수 있게 되었지만, 우연히 라디오에서 좋아하는 노
래가 흘러나올 때나 다방 DJ가 신청곡을 틀어줄 때의 그 가슴 벅찬 감격
은 좀처럼 느끼기 힘든 시대가 되었다. 창문 너머로 연일 내리고 있는
장대비를 보고 있으려니 문득 DJ가 틀어준 음악이 흐르고 차 향기가 살
포시 퍼져 있던 병동 풍경이 그립다.

합창은＿＿＿＿＿

타인의 마음에＿＿＿

귀 기울이는 것＿＿

합창의 목표는 각 개인의 소리가 모여 하나의 하모니를 이루는 것이다. 그렇다면 화음을 잘 이루기 위해서 가장 중요한 것은 무얼까? 바로 자신의 소리와 남의 소리에 귀를 기울이는 것이다. 마음을 기울이지 않으면 자신의 소리도 남의 소리도 들을 수가 없다.

드디어 디데이!

오늘은 한 달 넘게 준비해온 병동 크리스마스 파티가 열리는 날이다. 병동 식구들만의 집안 잔치가 아니라 환자 가족, 정신과 교수들, 간호부 행정 간부들을 초대한 잔치기에 주체 당사자인 병동 식구 모두 긴장하고 있었다.

예전과 달리 크리스마스가 다가와도 크리스마스 캐럴이 별로 들려오지 않고 상점들도 장식에 신경을 쓰지 않아 썰렁함까지 느껴지는 거리와는 달리, 무대가 될 병동 거실은 크리스마스 분위기를 한껏 자아내고 있었다. 형형색색의 두루마리 휴지가 사방팔방으로 길게 늘어진 병동 거실의 천장 덕분에 화려한 파티장 분위기가 연출되었다. 환자의 안전을 위해서 설치하기는 했지만 바라볼 때마다 이질감을 느끼던 철망 씌운 창문에 은은한 색 한지를 덧입히니 안온한 분위기가 더해졌다. 이 모든 것이 환자들과 함께 하나씩하나씩 작업해온 결과물이었다.

해마다 크리스마스 시즌이 되면 늦어도 한 달 전인 11월 말부터 크리스마스 파티를 준비했다. 지금이야 초파일도 경축일이 되고 주 5일 근무제가 정착되어 국가가 제정한 휴일이 많아지면서 크리스마스가 지닌 고유의 축제 분위기가 약화되었지만, 1990년대까지만 해도 크리스마스는 우리나라에서 거의 독보적인 축제였다. 병동에서도 크리스마스 파티가 일 년 행사 중 가장 크고 화려한 행사였다.

크리스마스 파티 준비에는 두 개의 큰 축이 있다. 병동 장식이 하나의 축이라면, 프로그램 구성이 또 하나의 커다란 축이었다. 프로그램은 연극, 시 낭송, 듀엣, 피아노 독주 등 그 당시 입원해 있는 환자들의 역량과 특성을 고려해서 다양하게 꾸몄다. 그리고 매년 파티의 마지막은 합창으로 장식했다. 합창 순서가 빠지지 않는 이유 중 하나는 합창을 좋아하는 수간호사의 취향 때문이었다.

초등학교 때부터 미술 과목은 거의 아름다울 '미美'만 받을 정도로 미술은 형편없는 나였지만 노래는 좋아했다. 특히 하나의 성부로 부르는 제창보다 화음을 넣어 부르는 합창을 선호했다. 이런 개인적인 취향 덕분에 자연히 병동에서 근무할 때도 수시로 환자들과 노래를 불렀고 합창하는 기회를 가급적 자주 만들었다.

　우리나라에서는 1900년대 이후에야 합창단이 생겼는데, 겨우 생긴 합창단도 초기에는 남녀칠세부동석이라는 사회 규범의 영향으로 남성 합창단과 여성 합창단이 따로따로 존재했다. 그러다가 시대의 변화와 함께 혼성 합창단이 생기기 시작했다. 병동 합창은 당연히 혼성 합창단이었다.

　합창을 준비하는 과정으로 제일 먼저 합창곡을 선정하고 지휘자와 반주자를 정한 후, 환자들과 치료자의 목소리와 실력에 따라 파트를 나누었다. 그즈음 병동에 있는 구성원들의 노래 역량에 따라 소프라노와 알토 파트 2부 합창이 될 수도 있고, 운이 좋을 때는 4부 합창을 할 수도 있었다. 어떻게 해서든 매일 연습하기는 하나 치료를 받고 있는 환자들이니만큼 연습에 참석할 수 없는 상태인 경우도 많았다. 전문 음악인이 아닌 데다가 환자들로 구성해 합창을 한다는 게 지금 생각하면 참 야무진 시도였다.

　환자들과 합창을 준비하던 일을 돌아보니, 합창 근처에 가보지도 않은 예능인들을 포함한 아마추어 합창단을 꾸려서 합창 경연 대회에 출전하는 과정을 방영했던 방송 프로그램이 많은 국민의 마음을 사로잡았던 기억이 났다. 합창이 불가능할 것 같았던 오합지졸 합창단이 두 달

만에 감동의 눈물을 자아내는 합창단으로 거듭날 수 있었던 것은 다름 아닌, 합창을 잘해보겠다는 열정과 끝없는 연습 덕분이었다.

합창의 목표는 각 개인의 소리가 모여 하나의 하모니를 이루는 것이다. 그렇다면 화음을 잘 이루기 위해서 가장 중요한 것은 무얼까? 바로 자신의 소리와 남의 소리에 귀를 기울이는 것이다. 마음을 기울이지 않으면 자신의 소리도 남의 소리도 들을 수가 없다. 그렇기에 예능 프로그램에서 언급되었던 "합창은 테크닉이 아니라 마음이다"라는 멘트에 절로 머리가 끄덕여진다.

합창이나 오케스트라처럼 다른 사람들과 함께하는 음악에서 좋은 연주를 하려면 반드시 서로의 소리를 듣는 것이 가장 중요하다는 것을 '엘 시스테마El Sistema'에서도 확인할 수 있다. 엘 시스테마란 베네수엘라의 빈민층 아이들을 위한 오케스트라로 시작한 무상 음악 교육 시스템으로, 이제는 '세상에서 가장 아름다운 혁명'이라고 불리면서 전 세계로 확산되고 있다. 음악 속성상 그룹을 이루어 활동하는 엘 시스테마에서 아이들은 서로의 소리를 들으며 사회관계를 훈련하고 협동과 단결을 배운다. 그 결과 음악을 통해 조화로운 공동체가 회복되고 더 나아가 사회 개혁이라는 놀라운 결과까지 창출해가고 있다.

마침내 그 예능 프로그램에서 각자의 목소리를 내던 단원들이 모든 차이점을 극복하고 아름다운 화음을 창조했듯이, 병동 합창에서도 하모니가 탄생했다.

더욱이 병동 합창에서는 노래를 잘하는 것보다 가능하면 관련된 모든 사람, 특히 환자들이 많이 참여하는 것에 의의를 두었다. 모든 환자들이 참여하도록 끊임없이 독려했고, 병동에 상주하는 간호사들은 연습을 주도했으며, 외래나 응급실 등 병동 외의 업무가 많은 의사들은 병동에 올 때마다 틈틈이 연습에 참여했다. 업무실이 병동 밖에 있는 사회복지사나 임상심리학자들에게도 연습 시간을 미리 알려주고 가급적 참여하도록 요청했다.

연습 시간에 모여서 소리를 맞출 때, 대개 환자들은 주의 집중 시간이 짧아 오래 앉아 있지 못하고 자주 자리를 떴다. 그나마 실습 학생들이 있는 시간에만 학생들이 파트별 연습을 도와줘서 가뭄에 콩 나듯 겨우 연습다운 연습이 이루어졌다. 그러니 진전이 느릴 수밖에. 하루하루 공연 날은 다가오고 속으로 애가 탔다. 우리끼리 하는 내부 행사가 아니라 외부인을 초대한 자리라 난감하기 이를 데 없었다. 괜한 일을 벌인 것은 아닐까 싶은 후회가 되었다. 그래도 '무한 반복'이 비결이라고, 하루하루 지날수록 조금씩 소리가 잡혀갔다.

재미있는 것은 파트별로 모여 연습을 하다 보니 파트끼리 특별한 유대감이 생겼다는 점이다. 노래 연습 시간 외에도 식사하고 차 마시는 시간이면 으레 같은 파트 사람들부터 챙겼다. 심지어 자기 주치의보다 같

은 파트에 속한 다른 의사를 더 반기는 경우도 생겼다.

공연 당일. 입고 있던 환자복 대신 사복으로 갈아입은 환자들의 표정은 자못 긴장되어 있었다. 간호사들도 상기된 얼굴로 이것저것 준비하느라 바쁜 걸음을 옮겼다. 간호사와 남자 환자가 함께 사회를 보며 예정되었던 앞의 순서들이 무사히 끝나고 드디어 마지막 합창 순서. 지휘를 맡은 남자 환자가 양복을 말끔하게 차려입고 단원들 앞에 섰다. 모든 합창 단원 손에는 정성껏 만든 악보가 하나씩 들려 있었다.

그런데 한 곡이 끝나고 다음 곡으로 들어가는데 뒷줄에 섰던 남자 환자가 흥분해 안절부절못하며 합창대열에서 벗어나려 했다. 갑자기 발생한 사태에 모두들 당황했으나 바로 옆에서 같이 노래 부르고 있던 주치의가 가만히 손을 잡아주자 환자는 안정을 되찾았고 무사히 두 번째 곡까지 부를 수 있었다.

합창의 마지막 곡은 늘 〈즐거운 나의 집〉이었다. 그 곡을 부를 때는 지휘자가 청중에게 돌아서서 지휘하고 청중도 다 같이 불렀다. 아름다운 하모니를 이룬 노래가 병동을 채워나갔다. 노래를 부르는 환자와 가족, 의료진 모두의 눈에서는 어느덧 눈물이 흐르고 있었다. 노래로 하나가 되었다. 동시에 곧 사랑하는 가족과 함께할 수 있을 것이라는 희망이 모두의 마음속에 조용히 움트고 있음을 느낄 수 있었다. 합창을 통해 희망을 나누는 순간이었다.

엘 시스테마는 합창과 오케스트라 연주를 통해 남을 배려하는 것이 중요한 것임을 알게 하고, 모든 아이들이 꿈을 갖도록 하며, 그 꿈을 위해 노력해야 한다는 것을 가르쳐준다. 엘 시스테마의 기적 같은 이야기를 다룬 다큐멘터리 영화 〈기적의 오케스트라, 엘 시스테마〉 포스터에는 다음과 같은 글귀가 쓰여 있다.

음악이 거리의 아이들에게 말했습니다.
"마음껏 희망하라."

PART 2

마음/ 극장의/ 배우를/ 소개합니다

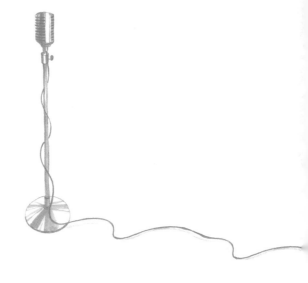

말에는____

생명이____

담겨 있다____

옹알이에서 시작된 말을 숨이 넘어가는 마지막 순간까지 계속 사용할
텐데 그야말로 죽을 때까지 노력해야 하는 게 소통이 아닐까 싶다.

아침에 출근해보니 간밤에 응급실을 통해 외국인 환자가 입원했다. 지금은 웬만한 대학 병원이나 큰 병원에는 외국인을 위한 진료소가 따로 마련되어 있지만 그 당시 우리 병원에는 외국인 전용 진료소가 없었다. 특히 치료의 대부분이 면담을 통해 이루어지는 정신과에 외국인 환자가 치료받으러 오는 경우는 더더욱 없었다.

그 시절 중학교 때부터 시작해서 무려 10년 이상 영어를 배웠지만 외국인과 얘기를 나누어야 하는 상황은 대부분의 고학력자들에게도 공포로 다가왔다. 요즈음이야 세계화다 국제화다 해서 초등학교는 물론 영유아기 때부터 영어 회화를 배우고 실제로 외국인과 영어로 대화를 나눌 기회가 많지만, 그때만 하더라도 외국인은 영화 속에서나 만나던 시절이었기 때문이다.

주치의를 맡게 된 의사는 간호사실에 앉아 걱정이 태산이었다. 환자와 영어로 대화해야 하는데 자신이 없어서였다. 다른 의사들은 그 주치의 덕분에 외국인 환자의 주치의를 면했으므로 안도의 한숨을 내쉬었고, 한편으로는 그 주치의를 격려했다, 잘해보라고…….

어찌하랴! 영광스럽게 외국인 환자의 주치의로 낙점된 의사는 용기를 내 환자를 만나야만 했다. 한참 동안 간호사실에서 한숨짓던 주치의가 마침내 떨어지지 않는 발걸음으로 그 환자의 방을 향했다. 그런데 면담을 하러 환자 방에 들어갔던 주치의가 들어간 지 얼마 되지 않아 얼굴이 벌게져서 간호사실로 돌아왔다. 간호사실에 있던 모든 치료자들이 궁금증을 참지 못하고 어떻게 되었느냐고 물었다. 대답인즉슨, 주치의가 병실에 들어갔더니 마침 환자가 잠을 자는지 눈을 감은 채로 침대에 누워 있더란다. 영어로 말을 하려니 가뜩이나 심란한데 눈까지 감고 있어 더욱 난감해진 상황. 외국인 환자에게 눈 좀 떠보라고 "오픈 유어 아이즈"라고 말한다는 게 자기도 모르게 "오픈 더 도어!"라고 했단다.

다행히 문 열라는 의사의 말에 환자가 '문' 아닌 '눈'을 떴다. 주치의로서는 소기의 목적을 달성한 셈이지만 눈 떠보라는 간단한 문장조차 제대로 말하지 못한 꼴이었다. S대학교 의과대학 출신으로서 체면이 말이 아니었지만, 개떡같이 말했는데 찰떡같이 알아들은 환자가 고마울

따름이었다.

태어난 지 3개월부터 옹알이로 말문을 여는 우리는 죽을 때까지 끊임없이 말을 하며 산다. 지금이야 말하는 것을 숨 쉬는 것만큼이나 당연히 여기지만 아주 먼 옛날에는 옆에 있는 사람과 어떻게 소통해야 할지 몰랐을 것이다. 세계적인 베스트셀러 『서양미술사』를 저술한 오스트리아 출신의 미술사학자 언스트 곰브리치Ernst Hans Josef Gombrich는 『곰브리치 세계사』라는 저서에서, 선사시대에 살았던 원시인들은 인류 최초로 도구를 발명한 역사상 가장 위대한 발명가들이라고 표현했다. 그는 선사 시대 인간들이 지금까지 발명된 도구 중 가장 강력한 네트워크 수단인 두 가지, 즉 언어와 그림을 발명했다고 보았다. 인간은 동물의 소리와는 구별되는 언어를 사용했으며, 그전까지와 달리 '단어'를 사용한 진짜 '대화'를 나누기 시작했다. 또한 최초로 사물에 이름을 붙이기 시작했다. 선사 시대에 발명된 언어와 문자가 기원전 5세기경에 이르면서 진리와 깨달음을 얻기 위한 수단으로 사용될 만큼 풍부하고 다채롭게 진화했다는 것이다.

이처럼 실질적인 필요에 따라 발명된 이후 계속 발전을 거듭해온 말은 그 자체에 힘과 생명력을 가졌다. 말은 살아 있어서, 누군가의 말 한마디가 꿈을 성취하게 하는가 하면, 꺼져가는 생명을 소생시키기도 한다.

말 속에 생명이 담겨 있다고 믿었던 고대 중앙아메리카의 톨텍Toltec 인디언들의 지혜를 담고 있는 『오늘이 내 삶의 새로운 시작이다』라는 책에서 저자 돈 미겔 루이스Don Miguel Ruiz는 말에 대해 다음과 같이 표현했다.

"말은 단지 소리나 기호 체계만을 의미하지 않는다. 말은 힘이다. 말은 자신을 표현하고 의사를 전달하기 위해, 생각하기 위해, 인생의 여러 가지 일들을 이루기 위해 우리가 지니고 있는 힘이다. 인간은 말할 수 있는 능력을 가지고 있다. 지구상 다른 어떤 동물이 그런 능력을 지녔는가? 말은 우리가 인간으로서 가지는 가장 강력한 도구이자 마법의 도구다."

생명을 지닌 말이 그대로 타인에게 영향을 미친다고 본 톨텍 인디언들은 말을 함부로 하지 않았다. 요즘 들어 새록새록 알려지기 시작한 인디언 말들이 아름다울 뿐 아니라 가슴에 큰 울림을 주는 이유가 바로 그 때문인가보다.

이처럼 생명력 있는 말 덕분에 말로 기쁨과 힘을 얻기도 하지만, 반면에 말 때문에 의기소침해지기도 한다. 말에는 이중성이 있기 때문이다. "말이 입힌 상처는 칼이 입힌 상처보다 깊다"라는 모로코 속담처럼, 때로는 말 한마디가 평생 지워지지 않는 가슴의 상처를 남기기도 한다.

이런 면에서 말은 양날의 칼이자 불완전하고 어찌 보면 모순을 지닌

소통의 한 방법에 지나지 않는다. 또한 진리를 담아내기에 너무 빈약한 수단이다. 그런데도 우리는 불완전한 말을 맹신하는 경우가 많다. 병동에서는 정확한 단어를 사용하지 않아 생기는 에피소드가 많다.

"가슴 사진 찍으러 갑시다."

보호사 아저씨가 전날 입원한 여자 환자에게 말했다. 그 말에 여자 환자는 "잠깐만 기다려주세요" 하더니 자신의 병실로 뛰어갔다. 한참을 기다려도 나오지 않자 이상하게 여긴 아저씨가 재촉하러 병실로 갔다. 그런데 그 환자가 엑스레이 찍으러 가자는 얘기를 못 들은 것처럼, 세면대 위의 거울 앞에서 열심히 립스틱을 바르며 머리를 매만지고 있는 게 아닌가?

"아니 가슴 사진 찍으러 가자는데 왜 거울은 들여다보고 있어요?"

보호사가 묻자 환자는 "사진 찍으러 간다니 이왕이면 예쁘게 나와야 하잖아요"라고 대답했다. 보호사가 가슴 사진 찍으러 가자고 한 얘기는 흉부 엑스레이를 찍으러 가자는 뜻이었는데, 환자는 일반 사진으로 알아듣고 머리 매무새를 가다듬고 있었던 것이다.

말이 불완전할 수밖에 없는 이유는 많다. 우선 전달자가 불명확하게 표현할 수도 있고, 말이 전달될 때 소음 같은 요인 때문에 방해받을 수도 있다. 또한 듣는 이가 잘 못 알아듣거나 같은 단어라도 다른 뜻으로 받아들일 수 있다.

게다가 병원이라는 환경은 대부분의 사람들에게 익숙하지 않은 독특한 곳이며, 사용되는 언어 또한 대부분 영어나 전문 용어라 생소할 수밖에 없다. 몸이나 마음 어딘가가 아픈 상태인 환자들에게는 더더욱 낯설고 힘들게 느껴지는 곳이다.

반대로 치료자들은 환자들과는 달리 오래 근무할수록 시설과 절차에 익숙해진다. 사람들은 자신에게 익숙한 것을 말할 때는 생략하는 경향이 있다. 그러니 똑같은 질환을 가진 환자들을 수도 없이 대하는 간호사는 설명할 때마다 말의 속도가 빨라지고 내용을 생략하기 십상이다.

정신과 병동에 입원하는 환자들은 정신 상태가 몹시 혼란스러울 가능성이 높다. 그런 환자들에게 병실 구조나 병동 일과에 대해 아무리 소상하고 친절하게 설명한다고 해도 환자로서는 낯설기만 한 그 많은 내용을 제대로 이해할 리가 없다. 실제로 환자들은 입원 후 병원이라는 낯선 환경에 적응하느라 오히려 입원 전보다 상태가 나빠진 것처럼 보이는 경우도 있다.

그러니 예전 모 기업의 광고 카피 '고객이 만족할 때까지'처럼 환자와 보호자들이 충분히 알아들을 때까지 설명해야 하지 않을까? 특히나 정신과 환자들과 대화할 때는 말이다.

옹알이에서 시작된 말을 숨이 넘어가는 마지막 순간까지 계속 사용할 텐데 그야말로 죽을 때까지 노력해야 하는 게 소통이 아닐까 싶다.

물론 궁하면 통한다고 "오픈 더 도어"라고 말해도 눈을 뜨겠지만, 적어도 '흉부 엑스레이'라는 말 대신 '가슴 사진'이라고 해서 환자의 오해를 사는 일은 없어야겠다는 생각을 하며, 미국 시인 에밀리 디킨슨Emily Elizabeth Dickinson의 시구를 조용히 되뇌어본다.

어떤 이들은 말한다,

입 밖에 나오는 말은 죽는다고.

그러나 나는 말한다,

말은 바로 그 순간 살기 시작한다고.

경계를

허무는

유머

유머는 마음을 즐겁게 하고 웃음을 일으키는 효과 외에도 예부터 의사
소통의 중요한 수단으로 인정받고 있다.

'사람들에게는 다 때가 있다'는 말은 누가 했을까?
정답 : 목욕탕 주인.

우리가 난센스 퀴즈를 즐기는 이유는, 인간에게는 웃음을 향한 자연스런 본능이 있기 때문이다. 웃음을 가져다주는 가장 강력한 수단 중 하나가 유머다. 정신과 병동에서 근무하는 동안 유머로 환자와 치료자 간의 서먹함을 훅 날려보낸 사건 하나가 아직도 기억에 생생하다.

K 씨는 알코올 의존증으로 입원했다. 술을 조용히 마시면 좋겠지만, 마셨다 하면 가족들을 못살게 굴었다. 그래도 술에서 깨면 멀쩡하니 가

족들은 그냥저냥 참고 지냈다. 하루는 술 마신 상태에서 칼을 들고 가족들을 죽이겠다고 날뛰는 바람에 견디다 못해 입원시켰다. 강제로 입원하게 된 K 씨는 거의 모든 알코올 의존증 환자들이 그렇듯, 입원을 순순히 받아들이지 못했다.

"왜 나처럼 정신 멀쩡한 사람을 정신과에 가둬놓고 있어? 당장 우리 식구 오라고 해!"

K 씨는 키가 크고 눈이 부리부리한 데다가 목소리는 또 어찌나 큰지, 못마땅한 얼굴로 간호사에게 따지고 들 때는 마치 어린 학생을 야단치는 선생님 같았다. 자연히 간호사들이 K 씨를 힘들어 할 수밖에 없었다.

그러던 어느 날 K 씨가 간호사실 앞에서 담뱃불을 붙이고 있었다. 마침 퇴근하려고 가방을 어깨에 멘 채 병동 문을 나서고 있는 간호사의 뒷모습이 내 눈에 들어왔다. 순간 섬광처럼 재미있는 단어가 떠오른 나는 잔뜩 화가 난 얼굴로 막 돌아서는 K 씨에게 이렇게 물었다.

"가방을 든 여인을 세 글자로 줄이면 뭔지 아세요?"

무슨 귀신 씨나락 까먹는 얘기를 하냐는 듯한 표정으로 쳐다보는 K 씨에게 답을 알려주었다.

"빽 든 년!"

그 말을 듣는 순간 K 씨는 입에 물었던 담배를 떨어뜨릴 정도로 "푸하하" 하고 웃음을 터뜨렸다. 전혀 예상치 못했던 말이었기 때문이리라.

'빽 든 년' 사건 이후 K 씨의 태도는 백팔십도 달라졌다. 간호사를 대하는 태도가 한결 부드러워지고 병동 일에 불만을 터뜨리는 일도 훨씬 줄었다. 확 달라진 K 씨의 태도에 간호사들 모두 어리둥절했다. K 씨와의 사이에 있었던 에피소드를 얘기해주자 간호사들도 깔깔대고 웃었다. 물론 그날 가방을 매고 퇴근하던 당사자는 민망해했지만……

유머의 사전적 정의는 우습거나 재미있는 것을 감지하고, 즐기고, 표현하는 능력이다. 유머는 체액을 뜻하는 후모르Humor라는 라틴어에서 유래된 생리학 용어다. 옛사람들은 우리 몸속에 네 가지의 중요 체액이 흐르고 있으며, 이 체액이 조화를 이루는 상태를 'good humor'라 했다. 오늘날 웰빙 상태에 있고 웃을 준비가 되어 있는 사람을 가리킬 때 'good humor'라고 하는 것은 그에서 유래한 것이다.

유머는 마음을 즐겁게 하고 웃음을 일으키는 효과 외에도 예부터 의사소통의 중요한 수단으로 인정받고 있다. 적절한 타이밍에 던지는 창의적인 유머 한마디로 메시지를 효과적으로 전달할 수 있다. 많은 유명 강사와 정치가들이 멋진 유머를 구사하려고 애쓰는 이유가 그 때문이다. 게다가 유머로 함께 웃을 때 친밀감이 생겨서 인간관계도 좋아질 수 있다. 그런 의미에서 유머는 단순히 웃음을 주는 기능을 넘어서 상대방을 포용하는 따뜻한 의사소통의 하나라고 볼 수 있다.

세계적인 심리학자이자 창의성의 아버지라 불리는 에드워드 드 보노Edward de Bono 박사는 "유머는 인간의 두뇌 활동 중 가장 탁월한 활동이다"라고 했다. 유머를 적절하게 사용하는 사람은 업무를 잘 수행할 뿐만 아니라 곤란한 상황에도 현명하게 대처할 수 있으며, 사람들에게 좋은 감정을 느끼게 해 좋은 인간관계를 맺을 수 있는 것은 자명한 사실이다.

실제로 『하버드 비즈니스 리뷰』에 따르면 능력 있는 임원일수록 적절한 유머를 자주 사용해 회의 중에 적대감을 해소하고 긴장도를 낮춰 의사소통을 원활하게 한다고 한다. 당연히 연봉은 사용한 유머 횟수와 비례한단다.

2002년 우리나라 축구의 4강 신화를 이끌어낸 히딩크 감독 또한 선수들의 마음을 사로잡는 데 유머를 사용한 것으로 유명하다. 유머가 인간관계에서 효과를 발휘하려면 상대를 이해하고 포용하려는 마음가짐이 우선되어야 한다. 히딩크 감독이 유머로 선수들의 마음을 사로잡을 수 있었던 것은 선수들을 속속들이 파악하고, 그들을 자신의 가슴에 품고자 했던 사랑이 있기에 가능했을 것이다.

20여 년 전 배려가 부족한 유머로 누군가의 가슴을 아프게 한 적이 있다는 것을 뒤늦게 알게 된 사건이 있었다. 대학 은사 한 분이 암 진단을 받고 내가 근무하고 있는 병원에 입원하셨다. 동기 수간호사들 몇 명

과 함께 병문안을 갔는데 이런저런 얘기 끝에 대학 졸업하던 해에 있었던 사은회 얘기를 꺼내셨다.

"주혜주, 네가 사은회 때 나한테 한 얘기를 잊을 수가 없구나."

그때부터 20여 년 전 일이라 구체적인 내용은 기억나지 않았지만 사은회에서 사회를 봤던 기억이 났다. 그러면서 어렴풋이, 수업 시간에 수시로 우리를 심하게 꾸중하시던 교수님 모습을 흉내 내면서 교수님을 신랄하게 풍자해 다른 교수님들과 동기들로 하여금 배를 잡고 웃게 했던 장면이 생각났다. 한마디로 '나쁜 유머'를 날렸던 것이다. 아차, 싶었다. 너무 죄송했다. 얼마 지나지 않아 그 교수님은 운명하셨고 그때를 기점으로 다시는 남의 마음을 아프게 하는 유머는 사용하지 않으리라고 굳게 다짐했다.

이렇듯 진정한 유머는 상대방을 배려하고, 상대방에게 희망을 불어넣어 주고, 상대방을 사랑하는 마음에서 비롯해 함께 웃을 수 있어야 한다. 그런 의미에서 본다면 참된 유머는 높은 수양을 쌓아 종교적 경지에 도달했을 때 가능하다.

상황에 맞게 유머를 적절히 구사하는 능력은 곤란한 상황을 현명하게 대처할 수 있도록 해준다. 그런 의미에서 유머는 부부 사이에서도 중요한 소통 기술이다. 성공적인 결혼 생활에 대해 과학적으로 연구하고 있는 미국의 존 가트먼John Gottman 박사나 영국의 제임스 머리James Murray 교수는 부부 간에 오가는 대화를 분석해 부부들의 이혼율을 94퍼센트까지 예측했다. 그들은 부부 대화에서 유머가 중요한 요인임을 강조한다. 유머는 부부 싸움할 때 생기는 극도의 긴장 상태를 해결해주는 중요한 수단이 된다는 것이다. 부부 싸움이 한창 무르익고 있을 때 한쪽 배우자의 유머 한마디에 두 사람 다 빵 터져 둘러싸고 있던 험악한 분위기를 한 방에 날려버릴 수 있다. 마치 영화에서 극도로 긴장된 장면에 우스운 장면을 삽입해 과도한 긴장감을 늦추는 코미디 릴리프comedy relief 같은 효과다.

재치 있는 유머는 사람과 사람 사이의 벽을 허물어주고 삶의 긴장을 풀어주며 상대방을 무장 해제 시킨다는 말을 증명이라도 하듯, K 씨와 간호사들 사이의 경계가 한마디 유머로 확 허물어지면서 가까워질 수 있었던 '빽 든 년' 사건.

아쉽게도 그 후 얼마 안 있어 K 씨는 퇴원했다. 퇴원시키지 않으면 나가서 식구들을 가만 놔두지 않겠다고 가족을 협박했고, 가족이 K 씨의 협박을 더 이상 견디지 못했기 때문이다. 모처럼 마음의 벽이 와르르 무너져 편안한 관계가 형성되었는데 퇴원을 해버려서 해빙의 시간을 더 길게 보내지 못한 게 못내 아쉬웠다.

'빽 든 년' 사건을 떠올릴 때마다 "유머는 스킬이 아니라 마인드의 문제다.…… 마찬가지로 남을 따뜻하게 품어주는 품성이 없다면 남들의 답답함과 고충을 이해하고 해결해주는 창의적인 해결책이 나올 수 없다"라고 한 개그 분야의 유명한 교수 말에 고개가 절로 끄덕여진다.

___자폐인가

___소통인가

자신이 의식한 상태에서 특정한 목적을 지니고 의도적으로 사용하는
지, 듣는 이들의 공감을 얻어내는지에 따라서 '치료를 받아야 하는 증
상인가' 아니면 '대박을 터뜨려 인기가 치솟을 유행어인가'로 운명이
갈린다.

보통 때보다 출근이 늦어 허둥지둥 병동에 들어섰다. 여느 날과 달리 환자들이 복도 게시판 앞에 삼삼오오 모여서 병동 문을 열고 들어서는 치료진의 표정을 하나하나 유심히 살피면서 자기네끼리 귓속말을 주고받고 있었다. 평소 같으면 대부분 병실에서 세수를 하거나 침상을 정리하고 있을 시간인데 그날은 환자들 분위기가 다른 날과 달랐다. 마음속에서 궁금증이 솟구쳤으나 간신히 표정 관리를 하며 간호사실로 들어섰다.

"대체 무슨 일이에요?"라고 물으니 밤 근무를 한 간호사가 복도 게시판을 가리키며 환자들이 붙여놓은 것을 읽어보란다. 게시판에는 '환포간'이란 제목 밑에 간호사 몇 명의 이름이 적혀 있었고, '환포의'라는 제목 밑에 몇 명의 의사들 이름이 적혀 있었다. 인계 테이블에 앉으며, 환자 못지않게 흥미진진한 표정을 감추지 못하고 있는 간호사에게 물었다.

"아니, 도대체 환포의, 환포간이 무슨 뜻이지요?"

간호사 왈, 환포의는 환자가 포기한 의사, 환포간은 환자가 포기한 간호사를 말하는 거란다. 자신들의 요구를 잘 들어주지 않는 간호사와 의사들 이름을 보란 듯이 게시판에 써 붙인 것이었다. 일종의 환자들에 의한 '치료자 평가표'였던 셈이다. 자신들이 작성한 평가표에 대한 치료자들의 반응이 궁금해 보통 때와 달리 일찍 일어나 복도에서 치료자들을 기다리고 있었던 게다. 물론 게시판 '환포의', '환포간' 명단에 이름이 올라간 치료자들의 기분은 좀 묘했으리라 싶다.

그 일 이후 환자들의 산뜻한(?) 아이디어 덕분에, 우리도 간호사가 포기한 환자라는 뜻의 '간포환', 간호사가 포기한 의사라는 뜻의 '간포의'라는 단어를 즐겨 쓰게 되었다.

정신과 용어 중에 신어조작증neologism이라는 게 있다. 두 가지 이상의 단어를 합쳐서 다른 사람들이 사용하지 않는 자신만의 특별한 의미를 가진 말을 만들어내는 증상이다. 물론 자신이 전달하고자 하는 의미가 제대로 전해질 리 없다. 신어조작증이 심하면 단어와 문구를 지리멸렬하게 뒤섞는 말비빔word salad 증상이 된다. 당연히 듣는 사람은 전혀 알아들을 수가 없다.

신어조작증 증상은 비단 환자들에게서만 관찰되는 것은 아니다. 우리에게도 똑같은 증상(?)이 존재한다. 요즘 젊은이들의 대화를 듣고 있노라면 마치 별세계에 와 있는 것 같은 착각이 들 만큼 신종 언어 천지다. 단어를 끝까지 쓰지 않고 줄여서 얘기한다. 동창 모임에 참석했을 때, 얼마 전에 시어머니가 된 동창에게서 들은 얘기는 요즘 젊은이들 대화의 현주소를 잘 보여준다.

슬하에 아들 하나를 둔 동창이 아들을 결혼시켜 며느리를 보았다. 그런데 보아하니 자칭 타칭 지성미가 넘치는 자신과는 달리 며늘아기가 책을 읽는 기색이 전혀 없었다. 아니, 하루가 멀다 하고 쇼핑만 하러 다니는 것이었다. 실망이 크던 차에 하루는 아들 집을 방문했다. 집 안을 여기저기 살펴보고 있는데 거실 벽에 '현월신화'라고 크게 써 붙인 게 눈에 띄었다.

'그럼 그렇지, 우리 며늘아기는 내가 모르는 고사성어도 다 알고 있네'라고 생각하며, 기특한 마음에 며느리를 불러 저게 무슨 뜻이냐고 물었다. 그랬더니 그 며느리가 생글생글 웃으며 이렇게 대답하더란다.

"어머니, 현대백화점은 월요일에 쉬고 신세계백화점은 화요일에 쉰다는 것을 기억하기 좋게 줄여서 쓴 거예요."

동창의 며느리처럼 요즘 젊은 사람들이 보여주는 특징 중 하나가 줄임말이다. 아마 휴대전화로 문자를 많이 주고받다 보니 말을 되도록 줄이게 된 것이리라. '불금'은 불타는 금요일을 말하며 '멘붕'은 멘탈 붕괴라는 합성어(?)의 준말로, 이제는 매스컴에서조차 공공연히 사용하는, 그야말로 대한민국에서 가장 인기 있는 단어가 되었다.

이 글을 쓰고 있는 나도 일찍부터 신조어를 즐겨 사용하는 편으로, 남들에게 소개할 때 '왕가포녀'라는 별명을 즐겨 쓴다. 가포녀란 '가정이 포기한 여자(가정을 포기한 여자가 아님에 유의하기 바람!)'라는 뜻이다. 또 내가 산 물건 중에는 '루마 패션'이 많다. 길거리 구루마에서 산 물건이라는 뜻이다. 단어를 꽉 채워서 표현하는 것보다 함축미가 있고 은근 유머스럽게 느껴져 줄임말을 즐겨 사용한다. 이렇듯 요즘은 이런저런 이유로 소통을 할 때 단어를 줄이지 않고 그대로 사용하는 경우가 극히 드문 세상이 되었다. 그런 면에서 보자면, 정신과 병동 환자들은 시대를 앞서 가는 선구자들인 셈이다.

신어조작증의 대가면서 아예 그것을 생업으로 삼아 먹고사는 사람들이 있다. 바로 개그맨이다. 그들이 만든 신조어는 금세 매스컴을 타고 대중에게 확산되어 유행어가 된다. 일반인들이 매스컴을 통해 들은 개그맨들의 신조어를 일상 대화에서 두어 개 정도 섞어 쓰는 것은 예삿일이다. 학교에서 강의할 때도 개그맨들이 사용한 단어를 적당히 사용해야 학생들과 적절히 교감할 수 있을 정도다. 개그맨으로서는 톡톡 튀는 신조어를 만들어낼수록 폭발적인 인기를 거머쥐고 유명 연예인 반열에 들어갈 수 있으므로 기발한 말을 만들어내느라 혈안이 될 수밖에 없다. 환자로서는 증상을 만들어내려고 기를 쓰고 있는 셈이다.

신어조작증 외에도 우리 생활에서 자주 등장하는 또 다른 증상이 있다. 예전에는 오락 시간이면 빙 둘러앉아 놀이를 했다. 그중에 '수건돌리기'만큼 자주 했던 게임 중 하나가 '돼지 꼬리'였다. 사회자에게 지목받은 사람은 앞으로 나와 사회자가 무슨 질문을 하든 반드시 "돼지 꼬리"라고 대답을 해야 하는 게임이었다. "이름이 뭐냐?"처럼 같은 쉬운 질문에는 돼지 꼬리라는 대답이 금방 나오지만, 차츰 질문이 심각해지고 수준이 높아지면 돼지 꼬리라는 대답 대신 진실이 튀어나와 걸리는 놀이다. 이 놀이도 정신과 증상 중에 하나인 음송증verbigeration, 의미 없는 단어나 짧은 문장을 반복하는 증상과 맥을 같이한다.

증상이라고 불리는 이상 행동을 보인다고 해서 반드시 정신 질환은 아니다. 환자들이 보이는 신어조작증이란 현실에서 유리된 채 자신만의 독특한 세계에 빠져 외부와 적절히 교류되지 않는 심리 상태가 말을 통해 겉으로 드러나는 빙상의 일각인 셈이다. 이와는 다르게 자신이 의식한 상태에서 특정한 목적을 지니고 의도적으로 사용하는지, 듣는 이들의 공감을 얻어내는지에 따라서 '치료를 받아야 하는 증상인가' 아니면 '대박을 터뜨려 인기가 치솟을 유행어인가'로 운명이 갈린다. 마치 함께 떨어진 빗방울이 백두산 꼭대기의 서쪽으로 떨어지면 압록강이 되고 동쪽으로 떨어지면 두만강이 되듯이!

개그맨 같은 특정 계층이나 소속의 사람을 넘어서 온 국민이 신조어를 사용하고 있는 게 우리 현실이다. 자기 자신만이 이해할 수 있는 자폐적 사고에 뿌리를 둔 언어 사용으로 다른 사람과 소통이 잘 되지 않는 환자뿐 아니라 우리 모두 신조어의 범람 속에 자칫 소통이 불통이 될 가능성이 높다.

집 앞 놀이터에 모여 앉아 떡볶이를 먹으며 "이 떡볶이 완전 개맛이다, 개맛!"이라고 감탄하는 여중생들의 대화를 들으며 '개맛'의 의미에 대해 한참 동안 고민했다. 말과 얼굴 표정이 전혀 일치하지 않았기 때문이다. 우리말에서 단어의 앞에 '개'라는 말이 붙으면 원래 단어보다 등급이 낮다는 뜻이 된다. 개살구는 살구에 비해 시고 떫어서 맛이 좋지 않다는 의미의 '빛 좋은 개살구'라는 속담까지 있지 않던가?

한참 후에야 그 여중생들은 개맛이란 단어를 여태까지 우리가 사용하던 '개'와는 완전 반대의 뜻으로 사용하고 있음을 알았다. 단어의 음절뿐 아니라 의미까지 변조해 사용하고 있던 것이었다. 그러니 신세대와 대화할 때 의미 전달이 왜곡될 가능성이 농후할 수밖에!

이처럼 세대 간에 사용하는 단어가 달라 엉뚱한 오해가 생길 소지가 많으니 서로에게 익숙한 언어를 사용하려고 노력하는 배려가 필요한 시대가 되었다. 또한 휴대전화 같은 첨단 기기의 등장으로 예전보다 신속하게 의사 전달을 할 수 있게 되어 편리해졌으나, 다른 한편으로는 자신이 사용하는 언어의 의미가 상대방에게 제대로 전달되고 있는지 각별히 신경 써야 하는 시대가 되었다.

기존의 단어를 줄이거나 위치를 바꾸는 것을 넘어 의미까지 뒤집어 사용하고 있는 요즘의 언어를 듣고 있으니 '환포의', '환포간' 이라는 말로 자신들의 억눌린 마음을 살짝 드러내 보였던 환자들의 재치가 새삼 애교스럽게 느껴진다.

_____망상도

_____예술이

_____된다

우리는 비현실적 사고를 통해 위로받고 많은 것을 성취하며 살아가지
만, 비현실적 사고가 지나치면 현실을 왜곡하게 되고 결과적으로 현실
과 동떨어진 망상이 된다. 망상의 또 다른 특징은 논리나 설득을 통해
수정되지 않는 것이다.

평간호사로 밤번(밤샘조) 근무를 하던 때의 일이다.

간호사실 안에서 이 일 저 일 하느라 분주히 왔다 갔다 하고 있었다. 그 때 마침 전날 낮에 입원해 서로 처음 얼굴을 대하게 된 남자 환자가 목이 말라서 깼는지 잠에 취해 부스스한 얼굴로 간호사실 옆 음수대로 비틀비틀 걸어왔다. 그런데 간호사실에 있던 나를 보는 순간 잠에 취해 반쯤 감았던 두 눈을 갑자기 크게 뜨더니 격앙된 목소리로 "외국인은 가라!"라고 외치면서 간호사실 유리창을 주먹으로 내리치는 게 아닌가!

사건의 발단은 이목구비가 서구적인 내 얼굴이었다. 하필이면 '외국인이 우리나라를 망친다'는 내용의 피해망상이 주 증상이던 환자가 내 얼굴을 보고 외국인으로 착각해서 망상을 행동으로 표현한 것이었다.

내 외모가 시각적 착각을 일으킬 정도로 이국적이라는 점을 감안하면 이 환자는 오히려 정상적인 지각을 갖고 있다고 할 수 있다. 그렇지만 정상적인 지각normal perception이라고 할지라도 망상적으로 해석delusional interpretation해 행동으로 드러낸 것은 망상이라는 증상 때문이다.

안전을 위해 일반 유리보다 훨씬 두꺼운 안전 유리를 설치했는데도 얼마나 힘껏 쳤는지 유리창이 깨지고 손에서는 피가 흘러내렸다. 갑작스런 사태에 나는 물론 당사자인 환자도 놀랐다.

정신 질환을 진단할 때 '현실에 대한 왜곡이 있는가, 없는가'가 중요한 기준이 된다. 망상은 현실 왜곡이 극심할 때 생기는 증상으로, 정신과 환자들에게 가장 흔한 증상 중 하나다. 망상은 사고 내용에 장애가 생긴 것이다. 즉 근거가 없는 주관적인 신념이거나, 사실과 다른 불합리하고 잘못된 믿음이다. 하지만 사람들이 수시로 경험하는 비현실적인 사고인 착각, 상상, 환상 등과는 구별된다.

착각이란 실재와 다르게 상황을 받아들이는 것으로, '착각은 자유'라는 말이 있을 정도로 우리는 많은 경우 착각하며 산다. 하지만 모호하거나 다르게 해석할 여지가 있을 때 착각할 뿐, 명백한 증거가 있으면 착각하지 않는다.

환상 또한 현실적이지 않은 생각의 일종으로, 많은 사람이 종교적 환상을 비롯한 다양한 환상을 경험하며, 한편으로는 환상을 경험하고 싶어 한다. 우리가 즐겨 듣는 음악 〈넬라 판타지아$^{Nella\ Fantasia}$〉는 '내 환상 속으로'라는 뜻이다. 이토록 환상 속으로 들어가기를 즐기는 이유는 환상이나 백일몽 안에서는 사고가 제약을 받지 않기 때문에 현실에서는 불가능한 욕구를 충족하고, 만족을 느낄 수 있기 때문이다.

생각해보면 오늘날 편리하게 사용하고 있는 많은 문명의 이기는 과거 누군가가 주위의 극심한 반대와 조롱에도 끊임없이 기발한 상상과 공상을 해준 결과물이다.

문학이나 영화 등 예술의 기능 중 하나는 현실에서 가능해 보이지 않는 생각들을 통해 일반인의 소망을 채워주는 데 있다. 시인 도종환은 "문학에서 실제 상황을 현실 그대로 보지 않고 자신이 원하는 방향으로 보는 소망적 사고에 의해 시와 같은 창작이 가능하다"라고 말한다. 그뿐만 아니라 최근 자기계발 분야에서는 사실이나 합리성이 아닌, 바라는 대로 해석하거나 믿음을 형성하는 소망적 사고가 큰 목표에 도달하는 중요한 동력이라고 강조한다.

이처럼 우리는 비현실적 사고를 통해 위로받고 많은 것을 성취하며 살아가지만, 비현실적 사고가 지나치면 현실을 왜곡하게 되고 결과적으로 현실과 동떨어진 망상이 된다.

망상의 또 다른 특징은 논리나 설득을 통해 수정되지 않는 것이다. 실습 학생들 가운데에는 망상을 가진 환자와 대화를 나누다가 그들의 비현실적인 생각이 너무 안타까운 나머지 열심히 설득하거나 혹은 열띤 논쟁으로 환자의 생각을 바꿔보려 애쓰는 경우가 있다. 그러나 만약 망상이 설득이나 논쟁으로 교정될 수 있다면 정신 관련 분야에는, 이 글을 쓰고 있는 나를 포함해 수많은 실업자가 넘쳐날 것이다.

망상은 왜 생기는 것일까? 정신적으로는 무의식에 있는 공격적인 충동이나 충족되지 않은 자신의 생각, 감정, 욕구가 사고의 형태로 외부 또는 다른 사람에게 투사되어 생긴다.

언젠가 실습생이 환자와 대화하던 중 환자의 어깨에 손을 얹으려 했다. 그러자 조용히 있던 환자가 순식간에 일어나 실습생을 마구 때리기 시작했다. 실습생은 친근함을 표시하기 위한 행동이었지만, 무의식에 누군가를 공격하고 싶은 욕구가 숨어 있던 환자는 실습생이 자신을 공격한다고 여겼던 것이다. 즉 환자의 무의식에 존재하던 공격성이 외부 즉 실습생에게로 투사된 것이다.

망상은 내용의 특성에 따라 피해망상, 과대망상, 관계망상, 신체망상, 애정망상 등 다양하게 분류된다. 한편 망상의 내용은 대상자의 개인적인 상황이나 시대적 분위기를 반영한다. 1980년대 환자들이 지닌피해망상에는 중앙정보부가 자신을 미행한다는 내용이 단골 메뉴로 등장했다. 특히 유리창을 까맣게 선팅한 검정색 세단이 미행을 한다는 것이었다. 그 당시만 해도 개인 자가용에는 선팅을 할 수가 없었기에 까만 선팅을 한 검정색 차는 중앙정보부 차라는 인식이 널리 퍼져 있었기 때문이다. 또한 1990년대 초반 아동들이 호소하는 피해망상 내용에는, 그 당시 초등학생들을 공포에 떨게 해 TV 뉴스에까지 등장했던 '홍콩할매 귀신'이 자주 등장했다. 그런가 하면 남자 환자들의 애정망상에는 당시 대통령 딸이었던 박근혜가 자주 주인공으로 등장했다. 이제는 대통령이 된 박근혜를 TV에서 보며, 머지않아 그녀와 결혼할 것이라고 꿈에 부풀어 얘기하던 남자 환자들의 모습이 떠오른다.

그날 밤 유리창 사건의 주인공 환자는 1980년대 "양키 고 홈"이라는 말이 유행하던 시대적 분위기를 반영하는, 외국인에 대한 적대적인 망상을 가지고 있었던 것이다.

세월이 흘러 20여 년이 지난 어느 날, 학생 실습 지도를 하러 서울 중곡동에 있는 한 정신병원 남자 병동에 들어가게 되었다. 그 병동도 폐쇄병동이어서 인터폰을 누르자 남자 보호사가 나와서 문을 열어주었다. 병동에 발을 들여놓기가 무섭게, 입구 가까이에 서 있던 남자 환자가 나를 보는 순간 눈이 커지고 희색만면해졌다. 그러더니 다른 환자가 서있는 곳으로 쏜살같이 달려가 들뜬 목소리로 말했다.

"거 봐, 프랑스에서 날 취재하러 온다고 했잖아. 봐, 기자가 왔어!"

아뿔싸! 이번에는 프랑스 기자로 오해를 받은 것이었다. 망상 내용이 시대적 분위기를 반영하는 것을 증명이라도 하듯, 20여 년 전과는 달리 외국인에 대해 우호적으로 바뀌어 있었다.

유리창 사건이 일어나자 같이 근무를 하던 보호사가 당직 의사를 불렀고, 놀란 의사가 뛰어와 아직 흥분이 가라앉지 않은 환자를 안정시키고 다친 손을 치료했다. 환자가 내 얼굴을 보면 또다시 흥분할까 봐 환자의 눈길이 닿지 않은 곳에 서서 환자가 치료받는 모습을 조용히 지켜보고만 있었다. 아마 그때 나의 표정은 영화 〈25시〉의 마지막 장면에서 웃는 표정과 우는 표정이 오묘하게 조합되어 있던 남자 주인공 앤서니 퀸의 표정과 많이 닮아 있었으리라.

정상과____

비정상의____

경계_____

정신 상태에 대해 진단을 내리는 목적은 '정상이냐' 혹은 '비정상이냐'로 가르마를 타려는 게 아니다. 오히려 한 개인을 좀더 잘 이해하고, 지니고 있는 잠재력을 충분히 발휘하는 데 전문적인 도움이 필요한지를 판단하기 위해 진단이라는 수단을 이용하는 것이다.

저녁 근무라 오후에 출근했는데

처음 보는 젊은 남자 환자가 눈에 띄었다. 새로 입원한 환자였다. 고개를 푹 숙인 채 복도를 걷고 있는 그에게서는 사람이 가까이 오는 것을 거부하는 분위기가 강하게 풍겨나고 있었다. 순간 궁금해졌다. 무슨 문제로 입원했을까?

환자의 나이는 21세, 남들이 오매불망 들어가기를 소망하는 유수한 대학 학생이었다. 진단명은 동성애Homosexuality. 인계 시간에 환자에 대한 정보를 주고받는 간호사들의 표정이 환자 표정만큼 복잡했다. 그 환자는 얼마 안 있어 치료에 별다른 진전을 보지 못하고 퇴원했다.

그때가 처음이었다, 성적 지향이 다른 사람을 가까이서 만난 게⋯⋯.

그 후 1993년에 호주 시드니를 방문했을 때의 일이다. 오페라하우스를 뒤로하고 공원 안을 산책하고 있을 때였다. 저 멀리 푸르디푸른 잔디밭에서 한 커플이 진하게 키스하고 있는 모습이 눈에 들어왔다. 완전 영화의 한 장면이었다. 1990년대 초였으니 우리나라에서는 영화에서나 볼 수 있는 장면을 오픈된 공공장소에서 목격해 당황스러우면서, 한편으로는 눈길이 자꾸 쏠렸다. 어느덧 걷다 보니 그 커플 가까이 가게 되었다. 그런데 아니 이게 웬일! 커플을 보는 순간 눈이 휘둥그레질 수밖에 없었다. 남자 커플이었다. 말하자면 동성애 커플이었던 것이다. 그때의 당혹감이란!

낭만적으로 느꼈던 장면이 갑자기 낯설고 불편해졌다. 왜냐면 병동에서 단 한 번, 그것도 아주 짧은 기간 동안 대했을 뿐, 이후 동성애를 접할 기회가 전혀 없었기 때문이다. 게다가 그때는 영화에서조차 다루지 않던 소재라, 동성애는 마치 내가 몸담고 사는 세상에 존재하지 않는 것 같은 단어였던 것이다.

그 당시 시드니에는 꽤 많은 동성애자들이 살고 있었고 공개적으로 그들의 인권을 다루고 있던 터라, 시드니는 동성애자들이 살기에 좋은 도시로 손꼽히고 있었다. 그랬기에 예기치 않게 공원이라는 공개적인 장소에서 그런 광경을 보게 된 것이었으리라.

그 후 십여 년이 지나 우연히 정부 기관에서 에이즈 관련 프로젝트를 발주받아 진행할 기회가 있었다. 자연히 많은 동성애자들을 만나고 얘기를 나누었으며, 그들의 경험을 다룬 논문도 쓰게 되었다. 생각지도 않게 깊은 인연을 맺은 것이다.

동성애란 자신과 같은 성별의 사람에게 향하는 성적 지향인 상태를 말하는 것으로, 동성을 향해 자발적이고 지속적으로 감정적, 낭만적, 신체적, 성적으로 호감을 갖고 끌리는 것을 말한다. 이에 비해 동성연애 Same-sex acts란 동성과의 성적인 경험과 성행위를 전제하는 용어로, 동성애자를 비하해서 부르는 말이라 한다. 비록 글자 한 자 차이고 우리에겐 별반 다르지 않게 보이지만, 그들이 제일 싫어하는 호칭이 '동성연애자'였다. 그렇기에 그들은 두 단어를 구별해서 사용해주기를 간곡히 요청했다.

동성애는 역사적으로 많은 우여곡절을 겪어왔다. 고대 그리스와 로마 시대에는 귀족들의 고상한 풍속 중 하나로 유행했는가 하면, 중범죄로 취급해 심한 처벌을 받던 시절도 있었다. 또 동성애는 르네상스 시대 이후 미술을 포함한 여러 예술 분야에서 풍성한 결실을 맺는 데 큰 역할을 했다. 하지만 19세기에 들어서면서 동성애자들은 '자연에 반하는 범죄자'에서 '정신병 환자'로 취급 받았다.

우리나라는 조선 시대에 유교의 영향으로 동성애를 죄악시했고 일반 성범죄보다 가혹하게 처벌했다. 그런 유교 사상의 영향으로 최근까지도 동성애에 대해 적대적인 편이다. 요즘 들어 우리 사회도 동성애에 대해 전보다 훨씬 개방적이고, 영화나 드라마에서 동성애를 소재로 다루는 경우도 빈번해졌다.

평소 TV 드라마를 즐겨 보지 않는 편인데, 어느 해 겨울 주말 드라마를 목 빠지게 기다리며 지낸 적이 있었다. 국민 작가 김수현이 극본을 쓴 주말 연속극 〈인생은 아름다워〉였다. 워낙 막장 드라마가 판치고 있는 와중에 가족 이야기를 훈훈하게 풀어낸 점도 마음에 와 닿았지만, 그보다 강렬하게 내 마음을 잡아당긴 것은 아직 공중파에서 드러내 놓기 어려웠던 소재인 동성애를 과감하게 다룬 점이었다.

아들 선호 사상이 아직도 강력하게 남아 있는 제주도에서 집안의 맏아들이 동성애자인 것을 알고 충격 받는 아버지 역인 김영철의 연기를 잊을 수가 없다.

"어떻게 좀 (동성애 성향을) 바꿔볼 수 없니?"라며 아들 앞에 무릎을 꿇고 눈물짓던 모습에 감정이입이 되어 나도 같이 하염없이 눈물을 흘렸다. 그 이후 김영철의 열렬한 팬이 되었다!

요즘은 한 나라의 대통령 후보가 동성의 결혼 인정을 정책으로 제시할 정도로 세상이 바뀌었다. 그러나 동성애에 대해 호의적인 사람도 자신의 자녀가 동성애자일 가능성은 여전히 수용하지 못하거나 자기와 가까운 사람이 동성애자일 경우 아직도 당혹감과 불편함을 느끼는 게 현실이다. 드라마 〈인생은 아름다워〉가 방영될 당시에도 동성애자로 출연한 두 남자 연기자의 애정 연기에 거부감을 느껴 채널을 돌리는 시청자도 적지 않았다고 한다.

동성애에 대한 정신과 영역에서의 변천사를 살펴보자. 미국 정신의학회는 1952년에 동성애를 정신 질환에 포함시켰지만, 1973년에 다시 동성애를 정신 질환에서 제외했다. 그리고 1975년에는 미국 심리학회 연합도 이를 지지하는 결의안을 채택했다. 더 나아가 동성애자를 이성애자로 바꾸려는 전환 치료가 오히려 해가 된다는 공식 입장까지도 내놓았다.

이렇듯 동성애는 정신 질환이 아니라 선천적인 성적 지향의 하나일 뿐이라는 게 학계의 변함없는 입장이다. 동성애를 장애나 비정상으로 봐야 할 그 어떤 실증적이거나 과학적 근거를 찾아내지 못했기 때문이다.

동성애가 정신 질환에 포함되었다가 제외된 것과 달리 예전에는 정신 질환이 아니었다가 정신 질환에 포함된 것들도 많다. 요즘 대중매체를 통해 많이 알려진 주의력 결핍 장애가 대표적인 경우다. 내가 초등학교 다닐 때만 해도 한 반에 한두 명 정도 산만한 아이들이 있었다. 그때는 그저 "쟤 좀 산만하네" 하며 무심히 보고 넘겼는데, 오늘날에 와서는 정신 질환의 범주에 포함해야 할지 아닐지 고려하게 되었다.

정신 질환이란 바이러스나 박테리아 같은 병원균 감염처럼 원인이 분명한 경우와 달리, 어떤 원인 때문에 뇌 기능에 문제가 생겨서 사고 내용이나 감정 또는 행동 등에 문제가 생긴 경우를 말한다.

오늘날 뇌 과학의 발달과 더불어 정신 질환으로 규정짓는 많은 상태를 예전에는 광기狂氣 등으로 불렀다. 미셸 푸코Michel Foucault는 저서 『광기의 역사』에서 이성과 합리가 지배하기 이전에는 광인(미친 사람)을 "신에게 다가간 사람"이라고 표현했다고 기술했다. 이렇듯 고대에는 정신 질환이 있는 사람을 신비스럽게 생각했지만, 중세에는 마녀사냥을 통해서 환자들을 핍박하기도 했다. 그러나 근대 과학이 발달하면서 정신 질환은 유전과 환경의 영향 아래 뇌 기능에 문제가 생긴 것으로 보고 있다.

정신 기능은 혈압이나 혈당처럼 수치로 측정할 수 있는 게 아니다. 게다가 수치로 진단하는 신체 질환인 고혈압조차도 시대에 따라 기준 수치가 변하는 것을 고려할 때 정신병이냐, 아니냐를 가리는 작업은 더더욱 쉽지 않다.

그래서 정신 질환은 단순히 어떤 증상이 있느냐, 없느냐로 판단하지 않는다. 성격적인 면, 심리적·사회적 환경과의 관계, 다른 신체 질환과의 연관성, 전체적인 적응 정도까지 모두 고려해 통합적으로 판단한다. 또한 정신 질환으로 진단할 때 고려해야 하는 중요한 기준 중 하나는 '나타난 증상으로 인해 사회나 직업 적응에 어려움을 느끼는 정도'다.

정신 상태에 대해 진단을 내리는 목적은 '정상이냐' 혹은 '비정상이냐'로 가르마를 타려는 게 아니다. 오히려 한 개인을 좀더 잘 이해하고, 지니고 있는 잠재력을 충분히 발휘하는 데 전문적인 도움이 필요한지 판단하기 위해 진단이라는 수단을 이용하는 것이다. 특별한 증상이 없지만 일상생활이나 사회 적응이 안 되는 사람이 있는가 하면, 심한 증상이 있어도 일상생활이나 사회 적응에 별 문제가 없는 경우도 있다. 그러므로 '정신 질환자'라고 꼬리표를 붙이고 낙인을 찍는 것보다는 '어떠어떠한 정신 증상을 가지고 있는 아무개(혹은 어떠어떠한 사람)'라고 이해하는 것이 중요하다. 사람을 대할 때 사람이 아닌 진단 자체로 대하는 것은, 굳이 미셸 푸코의 표현을 빌리지 않더라도 일종의 폭력이다.

최근 자신이 동성애자임을 공식적으로 밝히는 커밍 아웃 사례가 늘고 있다. 연예계뿐 아니라 정계, 재계, 하물며 동성애를 죄악시해오던 종교계에서조차 자신의 성적 지향을 밝히는 경우가 속속 나타나고 있다.

그러나 동성애가 정신 질환에서 제외된 지 40여 년이 지난 오늘날에도 여전히 견고한 사회적 편견 속에서 자신의 성적 지향을 밝히지 못한 채 숨죽이고 살아가고 있을 성적 소수자들이 우리 가까이에 있음을 잊지 말아야겠다.

____이름에는

____정체성이

____담겨 있다

이름은 정체성뿐만 아니라 대상과의 관계에서도 중요한 의미를 지닌
다. 오랜만에 만난 사람이 내 이름을 기억해줄 때 나의 존재를 인정받
는 느낌이 들고, 그와 나의 관계가 돈독하게 느껴진다.

산산이 부서진 이름이여!

허공중에 헤어진 이름이여!

불러도 주인 없는 이름이여!

부르다가 내가 죽을 이름이여!

중학교 시절 국어 시간에 배운 김소월의 시 「초혼招魂」의 초반부다.
하도 인상적이어서 쉬는 시간에 마치 연극배우처럼 양팔을 뻗으며 절규
하듯 친구를 향해 "불러도 대답 없는 이름이여"라고 외치던 것이 생각
난다.

이 시구를 보면 안쓰러운 마음과 함께 떠오르는 여자 환자가 있다.

마음 극장의
배우를 소개합니다

"피(혈액) 검사해야 하니 방으로 가 계세요."

어제 입원한 여자 환자가 복도를 걸어가고 있기에 간호사가 그녀의 뒤에 대고 큰소리로 말했다. 그런데 그 환자는 마치 부르는 소리를 전혀 못 들었다는 듯 고개를 숙인 채 계속 걸어가고 있었다. 할 수 없이 가까이 가서 큰소리로 한 번 더 얘기하자 그제야 떨떠름한 표정으로 알았다고 대답했다. 이후로도 그 환자를 부를 때마다 '불러도 대답 없는 이름이여' 상태가 계속되었다.

며칠 뒤에야 그 이유를 알았다. 주치의에게서 그 환자가 사회 고위층의 자제로, 집안의 프라이버시를 위해 입원하면서 가명을 썼다는 얘기를 들었다. 자신의 진짜 이름이 아닌 가짜 이름을 사용하니 당연히 이름을 불러도 자신을 지칭하는지 몰랐고, 치료 과정에서 관계 형성과 소통이 잘 되지 않았다.

약물 치료 외에, 내면의 깊숙한 곳에 접근해서 삶에 영향을 미치는 부분을 찾아내고 치유하는 심리적 접근 방법인 정신 치료가 중요하다. 정신 치료는 단시간 내에 증상을 없애거나 문제를 깨닫게 하지는 못한다. 억압되어 있던 무의식의 내용을 찾아내고, 수용하면서 성숙해지고, 그 결과로 현실에 잘 적응하기까지 오랜 시간을 요하는 지난한 과정이다. 특히 이 과정에서 자아^{ego}는 생존을 위해 지금까지 살아온 방법을 필사적으로 고수하려 한다.

이처럼 가뜩이나 자신을 드러낸다는 게 쉽지 않은 데다가 자신의 진짜 이름이 아닌 가짜 이름까지 사용하고 있으니 마음 깊은 곳으로 접근하는 게 어려울 수밖에 없었다.

치료 속도가 느려서 초조해진 주치의는 급기야 가족에게 환자의 본명을 사용할 수 있게 해달라고 요청했다. 그러나 요구는 묵살되었고 결국 그 환자는 치료에 큰 진전 없이 조기 퇴원을 해버리고 말았다. 치료에 난항을 겪은 이유가 단지 가명을 사용했기 때문만은 아니겠지만 환자를 부를 때 진짜 이름으로 부를 수 없었던 요인이 치료의 걸림돌이었던 것만은 확실하다.

다른 사람의 의도에 따라 자신의 진짜 이름을 사용하지 못한 경우가 있는가 하면, 스스로 자신의 원래 이름으로 불리는 것을 거부하는 환자도 있었다.

B 씨는 입원하면서부터 자신의 실제 이름 대신 자신이 지은 이름으로 불러달라고 했다. 병실 문에 붙이는 명패에도 자신이 주장하는 이름으로 바꿔놓았다. 아무리 자신의 진짜 이름을 써놓아도 번번이 고쳤다. 이름 때문에 자기 인생이 망가졌다는 생각 때문이었다. 그 후로도 한참 동안 자신의 이름을 불러도 들은 척하지 않더니, 치료가 잘 진행되어 증

상이 호전되자 자신의 실제 이름을 받아들였다.

　이름이란 다른 것과 구별하기 위해 사물, 단체, 현상 따위에 붙여 부르는 말이다. 사물 하나하나에 이름이 붙으면서 다른 사물과 구별된다. 더구나 집단이 동일한 이름으로 불리는 동물이나 식물과는 달리 사람은 개체적 존재로서 각자의 고유한 이름을 가지고 있고, 누구나 그 이름으로 불리기를 원한다. 어린아이조차 남들이 자신의 이름을 다르게 부르면 "아냐, 아냐" 하며 정색하고 정확한 이름으로 불러주기를 요구한다. 특히 혼란 상태에 있는 환자들의 이름을 정확히 부르고 병실 문에 붙여놓는 환자 명패에 이름을 정확히 적는 일은 사소하게 보이지만 매우 중요하다.

　인류가 이름을 중요하게 여겨왔다는 것은 여러 역사적 사실을 통해 분명해진다. 고대 바빌로니아 신화에서는 "천지 만물이 이름을 통해 전개된다"라고 했고, 유대 경전인 『탈무드』에는 "좋은 이름은 인간이 가질 수 있는 최고의 보배며 최상품의 기름보다 귀중하다"라는 말이 있다. 이외에도 "이름값 한다"라는 우리나라 표현이나 "좋은 이름을 가진 자는 인생의 반은 성공한 것이다"라는 독일 속담을 비롯해서 세계 각국에는 이름과 관련한 격언이나 속담이 많다.

　이름은 구별의 기능만 지닌 것이 아니다. 무언가에 의미를 부여하고,

그 의미를 통해 만물은 존재 가치를 지닌다. 사람도 이름으로 불릴 때 다른 존재와 구별되고, 의미와 존재 가치를 얻는다.

우리 집 거실 한쪽 벽에는 가보 1호인 액자가 걸려 있다. 결혼 전 교제할 때 남편이 직접 그린 그림에 김춘수 시인의 「꽃」이라는 시를 옮겨 적어서 만든 액자다. 우리 부부를 비롯해서 우리나라 연인들이 주고받는 시 중에서 가장 많이 애용되는 시가 아닐까 싶다. 시인은 '나의 이 빛깔과 향기에 알맞은 누가 나의 이름을 불러다오'라고 읊었다.

이렇듯 이름에는 그 사람의 존재의 숨결이 고스란히 묻어나며, 이름을 부를 때마다 그 사람의 성품이 느껴진다. 아마도 태어나서 처음으로 받는 선물이 이름이고, 이후 그 이름으로 불리면서 항상 이름의 영향을 받으며 살기 때문이 아닐까?

나는 내 이름을 몹시 좋아한다. 아버지가 지어주신 혜주惠珠라는 이름은 '은혜의 구슬'이라는 뜻을 지녔다. 이름의 뜻을 늘 의식하고 사는 것은 아니지만 내 삶에 은근히 영향을 미친 것만은 틀림없다. 늘 누군가에게 은혜를 끼치는 존재로 살고 싶으니 말이다.

이름의 영향을 받고 사는 것은 비단 나에게 국한된 것만은 아니다. 우리 세대 여자 이름 중에는 정숙貞淑이라는 이름이 많은데 '여자로서 행실이 곧고 마음씨가 맑고 곱다'라는 뜻이다. 이 이름을 가진 친구가 자신은 이름에 갇혀 평생을 정숙하게 살 수밖에 없었노라고 얘기해서 모두 웃은 적이 있다. 어느덧 존재가 이름과 동일화된 것이다.

이름에는 정체성이 담겨 있다. 학생 운동이 한창 치열하던 1970~ 1980년대에는 많은 학생들이 검거를 피하기 위해 도피 생활을 했다. 미행하던 담당 형사가 수배 중인 학생을 잡을 때 당사자인지 확인하기 위해 뒤에서 그 학생의 이름을 불러본다고 한다. 이때 열이면 열, 자신의 이름이 불리는 순간 자신도 모르게 본능적으로 뒤돌아보게 되고 그로 인해 결국 붙잡힌다는 얘기를 들은 적이 있다. 이름과 정체성이 합일되었기 때문이다.

사람의 이름에 정체성이 담겨 있다면 도대체 정체성이란 무엇일까? '정체성'이란 변하지 않는 존재의 본질을 깨닫는 성질 또는 그 성질을 가진 독립적 존재를 말한다. 정체성을 가장 잘 나타내는 것이 바로 이름이기에 자신의 이름을 크게 또박또박 쓰다 보면 자신감이 높아진다는 심리학계의 주장도 있다.

개인을 넘어서 민족과 나라도 이름을 통해 정체성과 의미가 달라진다. 호주 한가운데에는 '세상의 배꼽'이라는 별명을 가진 울루루^{Uluru}가 있다. 단일 바위로는 세계에서 가장 큰 이 바위의 이름은 '그늘이 지난 땅'이라는 뜻을 가진 호주 원주민의 언어다. 울루루를 한동안 오스트레일리아 초대 수상인 헨리 에어즈$^{Henry \ Ayers}$의 이름을 따서 '에어즈 록'이라고 불렀다. 그 땅의 원래 주인인 원주민을 몰아내고 대신 땅을 차지했다는 사실을 그대로 보여준 대표적인 예다.

이름은 정체성뿐만 아니라 대상과의 관계에서도 중요한 의미를 지닌다. 오랜만에 만난 사람이 내 이름을 기억해줄 때 나의 존재를 인정받는 느낌이 들고, 그와 나의 관계가 돈독하게 느껴진다. 반면에 이름을 잘못 부르거나 기억하지 못하면 왠지 섭섭하고 상대방이 갑자기 소원하게 느껴진다. 이름을 정확히 불러주는 것이 정성이요 애정이라는 말에 동감한다. 사람뿐 아니라 사물이나 동물, 식물도 이름을 부여했을 때 각별한 의미 관계가 성립한다. 거꾸로 특정한 관계가 되면 이름을 얻게 된다.

쿠바로 여행 간 지인이 마차를 탔는데 마차를 모는 마부가 채찍으로 말의 엉덩이를 때리면서 "이랴, 이랴. 말아, 가자"라고 하더란다. 의아해서 왜 말의 이름을 부르지 않고 '말'이라는 보통명사로 부르는지 그 이유를 물었더니, 마부가 대답했다.

"이름을 부르면 말을 함부로 부려먹을 수가 없어요, 마음이 아파서……."

'이름을 부르면 (아무렇게나 대하거나 그 대상을 지배하려는 관계가 아닌) 소중한 관계가 된다'는 것을 보여주는 좋은 예다.

집안의 체면 때문에 자신의 이름 대신 타인의 이름으로 불리던 그 환자는 어떤 느낌이었을까? '이름'을 생각할 때마다 늘 어두운 표정으로 고개를 푹 숙인 채 복도를 걷던 그 환자가 떠오른다.

___존재의

___기원,

___공동체

가정의 형태는 아니더라도 서로 격려하고 존중하는 로제토 같은 사회 공동체가 많아져서 친구나 이웃이 가족처럼 사랑과 정서적 지지를 제공할 수 있다면 개인과 사회는 더욱 건강해지지 않을까?

"휴!"

어두운 얼굴로 간호사실에 들어온 M 의사는 털썩 의자에 앉으며 땅이 꺼져라 한숨을 내쉬었다. 궁금해서 쳐다보는 우리에게 M 의사는 힘없는 목소리로 자기 환자의 안타까운 사연을 털어놓았다. 얘기인즉슨, 담당하고 있는 여자 환자가 지금 상태로 봐서는 치료를 더 받아야 하는데도 퇴원을 하겠단다. 이유는 집에 두고 온 두 아이와 살림을 챙겨줄 가족이 없어서였다.

2인용 병실에 나란히 입원해 있는 두 여자 환자의 가족 상황이 대조적이었다. 한 여자 환자는 친정 엄마는 물론 시집 식구들도 많았다. 당연히 환자가 입원한 후 친정 엄마는 물론 시어머니와 시누이들까지 합세해 집안일을 도맡아 해주고 있었다. 덕분에 면회 오는 남편의 얼굴이 그런대로 펴 있었고, 치료도 무난히 계속되었다.

반대로, 옆 침상 환자는 친정 엄마가 돌아가신 데다가 시집 식구들도 멀리 살고 있어서 집안일을 도와줄 형편이 아니었다. 슬하에는 어린 아들만 둘이었다. 면회 오는 남편의 얼굴이 날로 수척해지고 옷차림은 갈수록 꾀죄죄해졌다. 결국 주부인 환자의 입원이 길어질수록 살림이 엉망이 되니 환자의 증세로 봐서는 더 입원이 필요하지만 서둘러서 퇴원을 해야만 한다는 것이다. 주치의의 얘기를 듣고 나니 환자와 남편이 더욱 안쓰러웠다. 가족이 환자의 질병 경과와 회복에 중요한 역할을 하는 것을 실감할 수 있었다.

환자에게 가족이 얼마나 소중한지 두 눈으로 확인할 수 있는 다른 일도 있었다. 18년간 근무하던 병원을 떠나 학교로 가서 학생들을 가르치게 되었다. 하루는 학생들의 실습 지도를 하러 K 정신병원에 가고 있는 중이었다. 지하철역에서 올라와 병원 담벼락을 따라 걷고 있는데, 뭐가 잔뜩 들어 있는지 무거워 보이는 배낭을 멘 한 백발의 여자 어르신이 구부정한 어깨를 하고 힘겹게 걸어가고 있었다. 바쁜 마음에 빠른 걸음으로 그 어르신을 앞질러 걸었다.

학생들을 지도하러 이 병동, 저 병동 순회하다가 한 남자 병동에서 아까 길에서 지나쳤던 그 어르신이 중년이 다 된 아들을 면회하고 있는 모습을 보았다. 병동 식탁에 간식을 쌓아놓고 아들에게 이것저것 집어주면서 어서 먹으라고 챙겨주는 모습에 마음이 찡하면서, 한편으론 연로한 어머니마저 없으면 저 중년의 환자는 어찌 되려나 싶어 마음이 한없이 무거웠다.

가족은 무리를 이루며 살아가는 인간에게 존재의 기원이다. 『대지』의 작가 펄 벅이 잘 표현해주고 있다.

"가정은 나의 대지다. 나는 거기서 정신적인 영양을 섭취하고 있다."

특히 사는 게 힘들고 지칠 때면 본능적으로 찾게 되는 안식처인 가정은 배로 치면 모항母港이요, 등반으로 치면 베이스캠프base camp와도 같다. 많은 연구에서, 병에서 회복하고 건강을 유지하는 데는 가족이라는 지지 체계가 필수임을 강조하고 있다.

몇 년 전 질병관리본부에서 발주한 에이즈 관련 프로젝트를 수행하는 과정에서 '가족이 있느냐, 없느냐'가 감염인의 질병 치료와 재활에 큰 영향을 주고 있음을 절감했다. 가족에게 지지나 도움을 받지 못하는 감염인은 투병을 포기하거나 좌절하는 경우가 많았다. 에이즈 감염인 당사자와 가족 모두 투병에서 가장 큰 힘은 가족이었다.

한 예능 프로그램에서 일반인들에게 가족이 있어서 든든하다고 느낄 때가 언제냐고 묻는 설문에서 "아플 때 '어디가 어떻게 아파? 죽이라도 끓여줄까?' 라는 말을 들었을 때"가 2위를 차지했다는 얘기를 들으니 "역시!" 하고 고개가 끄덕여졌다.

노숙자들도 마찬가지였다. 노숙자가 우리와 다른 점은 의지부족이나 성격적 결함이 아니라 가족 같은 든든한 지지 체계가 없다는 것이었다. 가족이 없는 사람들은 어려움에 처했을 때 쉽게 노숙자가 되었고, 그 상황에서 헤어나기가 거의 불가능했다. 가족은 난관을 헤쳐나가는 힘의 원천이었다.

반면 병원에 근무하는 동안 가족이 발병에 지대한 영향을 미치거나 원천이 되는 경우를 종종 경험했다.

소아 병동에 있을 때 일이었다. 초등학교 1학년생 남자아이가 입원했다. 학교에서 공부 시간에 주의가 산만하고, 수업 중인 데도 집에 전화를 해야 한다며(휴대전화가 없던 시절이었다) 자꾸 교실 밖으로 나간다고 해 담임 선생님에게 정신과 진찰을 받아보라는 권유를 받은 아이였다. 아이의 상태에 대해 면밀히 조사해본 결과 문제의 발단은 아이가 아닌 엄마에게 있었다.

엄마는 이혼한 상태에서 그 아이를 혼자 키웠다. 정서적으로 우울했는지 아이가 보는 앞에서 자해와 자살 시도를 자주 했다. 아이는 공부하다가도 엄마의 안전이 걱정되어 공부에 집중할 수 없었을 뿐더러, 시도 때도 없이 집으로 전화하려 한 것이었다. 당연히 선생님 눈에는 아이가 산만하고 문제가 있다고 느낄 수밖에 없었으리라. 나이가 어릴수록 아이의 문제 행동 뒤에 있는 주 양육자에 대해 잘 알아봐야 한다는 것을 뼛속까지 느낀 사례였다.

그 아이는 병원이라는 안전한 환경에서 편안히 지내면서 의사와 간호사들에게 엄마가 잘 지내고 있다는 확인을 지속적으로 받고, 동시에 엄마도 치료를 받았다. 그러자 단 며칠 만에 믿기지 않을 정도로 드라마틱하게 증상이 사라졌다.

앞에서 살펴본 상반된 사례들을 보면서, 건강을 위한 지지 체계가 꼭 '가족'이어야 하는 것은 아님을 알 수 있다. 이에 대한 증거는 '로제토 효과'에서 찾을 수 있다. 로제토^{Roseto}란 이탈리아 이주민들이 미국 펜실베이니아 주에 터전을 잡은 후 그들 출신지의 이름을 따서 붙인 마을 이름이다. 우연한 기회에 한 의사가 1935~1965년에 걸쳐 이 지역 사람들이 심장병으로 사망하는 비율이 주변 마을보다 자그마치 40퍼센트나 낮은 것을 발견했다. 심장병 발생률만 낮은 게 아니었다. 중독자나 치매 발생률도 현저히 낮았다. 처음에는 그 이유를 여러 요인, 말하자면 식생활이나 운동량, 유전적 요인, 지역적 특성에서 찾아내려 했다. 그러나 결국 경제적으로 가난하고 고된 생활 속에서도 서로 존경하고 협조하면서 긴밀한 유대를 이루고 사는 일종의 공동체 즉 '확장된 가족 집단'이 비결임을 알아냈다. 게다가 로제토 지역의 범죄율은 제로였고 대학 진학률도 경제 수준이 비슷한 다른 지역보다 훨씬 높았다. 이웃 간의 촘촘한 네트워크가 삶의 여러 영역에 긍정적인 영향을 미쳤던 것이다.

그러나 이토록 놀라운 로제토 효과는 1960년대 중반 이후 서서히 사라져갔다. 아니, 로제토 지역의 심장병 발생률이 오히려 미국의 평균치보다 웃돌았다. 그 이유는 자명했다. 로제토 지역 주민들은 경제적으로 부유해지면서, 음식을 만들어 나누어 먹고 길에서 만나 잡담을 나누는 대신 울타리가 세워진 쾌적한 단독 주택에서 독립적인 삶을 살게 되었다. 서로 존중하고 협조하던 전통적 생활 방식을 잃어가면서 동시에 건강도 잃기 시작한 것이었다.

사회가 점차 발전하면서, 이 같은 현상은 로제토뿐 아니라 세계 곳곳에서 일어나고 있다. 관심과 도움을 제공하는 역할을 하던 공동체적 사회 형태에서 관계의 접점을 찾기 힘든 고립적 사회 구조로 바뀌었다. 즉 사회 공동체가 해체되면서 사랑과 정서적 지원을 제공할 수 있는 지지 체계가 가족으로 국한되는 경향이 심화되고 있다.

여전히 많은 사람이 가족이 주는 에너지에서 위로를 받고 건강에도 직접적인 영향을 받는다. 특히 (우리 몸에 경쟁 DNA가 있다고까지 얘기될 정도로) 치열한 경쟁 사회에서 건강하게 살아가기 위해 가족은 모항이나 베이스캠프 같은 안전기지다.

그러나 가족이라는 자원도 다른 자원과 마찬가지로 조심스럽게 활용해야 한다. 때로는 질병 회복에 방해가 될 수 있을뿐더러 오히려 질병이 발생하는 데 영향을 미칠 수 있으므로…….

의료인의 한 사람으로서 결혼 연령도 점점 늦어지고 혼자 살겠다는 젊은이들이 늘어나고 있는 세태를 보면서, 앞으로는 병나면 과연 누가 간호를 해주려나 우려하게 된다. 하지만 가정의 형태는 아니더라도 서로 격려하고 존중하는 로제토 같은 사회 공동체가 많아져서 친구나 이웃이 가족처럼 사랑과 정서적 지지를 제공할 수 있다면 개인과 사회는 더욱 건강해지지 않을까?

__거식증과

_____깨달음

자그마한 어린아이일 때도 사랑을 못 받았는데 덩치까지 커지면 엄마의 시선이 더욱 멀어질 것만 같아 극도로 불안해졌다. 급기야 몸이 더이상 자라는 것을 막아보려고 먹는 것을 중지했다. 신체 성장을 저지하기 위한 필사적인 몸부림이었다.

대학교 1학년 말 겨울방학,
데이트가 있어 집을 나섰는데 함박눈이 내리기 시작했다. 걸으면서 열심히 털어냈지만 어느새 머리와 코트 위에 눈이 소복했다. 데이트 장소인 다방 문을 열고 들어섰을 때 따뜻한 공기, 커피 향과 함께 카펜터스의 〈Top of the world〉가 잔잔하게 흐르고 있었다. 추운 바깥 날씨와 대조적으로 따뜻했던 다방 실내에 흐르던 카펜터스의 노래는 30년이 지난 지금도 귓가에 생생하다. 카펜터스는 미국의 남매 가수 그룹으로 많은 히트곡을 내놓으며 사랑받았고, 그들의 노래는 우리말로 번안되어 한동안 유행했다.

1980년대에는 좋아하는 음악이나 노래를 카세트 테이프에 녹음해 듣는 것이 유행이었다. 카펜터스의 노래들을 무척이나 좋아했기에 녹음해서 즐겨 들었다. 그러던 어느 날 여동생 카렌 카펜터스가 무리하게 다이어트를 하다가 사망했다는 소식을 들었다. 요즘에야 우리나라에서도 다이어트가 유행이지만 그 당시 다이어트를 하다가 죽었다는 얘기는 매우 충격적이면서 낯설었다.

병동에서 거식증 환자를 처음 대한 것은 1980년대 중반이었다. 얼굴은 소공녀처럼 우아하게 생겼는데 비쩍 말라 살짝만 건드려도 쓰러질 것 같은 이십 대 여자 환자였다. 진단은 신경성 식욕부진증anorexia nervosa이었다. 음식 먹기를 거부한다고 해서 거식증拒食症이라고도 한다. 거식증 환자를 실제로 눈앞에서 보니 그제야 비로소 다이어트하다가 죽었다는 카펜터스 얘기가 실감이 났다.

정신과에서 쉽게 볼 수 있는 망상이나 환청 같은 증상은 전혀 없기에 얼핏 보기에는 정신과 환자 같지 않았다. 자신도 계속 정신병 환자가 아니라면서, 퇴원할 테니 엄마를 불러달라고 간호사실 앞에서 살다시피했다. 또한 입원 기간 내내 치료 팀과 사사건건 부딪혔다. 밥은 본체만체하면서 커피에는 심하게 매달렸다. 환자들 차 모임 준비하느라 준비실이 열려 있는 틈에 잽싸게 뛰어 들어가 커피를 밥숟가락으로 퍼먹었다. 외출 나갔다가 들어오면서는 종이 갑에 들어 있는 미용 티슈 사이사이에 커피 믹스를 숨겨 들여왔다.

치료 초기에는 체중을 늘리기 위해 매끼 밥을 반 이상 먹어야 한다고 치료 방법을 정해놓았다. 그랬더니 식사 시간에 간호사가 다른 환자의 식사를 돌보느라 돌아서 있는 동안 밥을 숟가락으로 꾹꾹 눌러 반 이상 먹었다고 벅벅 우겼다. 나중에는 먹은 양과 상관없이 체중의 증감에 따라 치료를 진행하기로 했다. 그랬더니 이번엔 매일 새벽 몸무게를 잴 때마다 간호사와 실랑이가 벌어졌다. 병동 규칙상 사복은 가지고 있을 수 없었으므로, 갖고 있던 팬티를 비롯한 속옷을 몽땅 껴입거나 소변을 참아서 몸무게를 조금이라도 더 나가게 하려고 갖은 애를 썼다.

가장 큰 어려움은 치료진에게 계속 가족, 특히 엄마를 불러달라고 끈질기게 요구하다가 면회 온 가족에게 퇴원시켜 달라고 애절하게 하소연하거나 강력하게 협박하는 것이었다.

협박 내용은 "퇴원시키지 않으면 정말 굶어서 죽겠다", "퇴원시키면 그때부터 잘 먹겠다"라는 것이었다. 가족들은 삐쩍 마른 환자를 걱정하면서도, 한편으로는 환자를 입원시킨 사실을 몹시 불안해했다. 결국 환자의 협박에 겁먹은 가족들이 치료에 별로 진전이 없는 상태인데도 환자를 조기 퇴원시키는 일이 많았다.

기억할 때마다 마음이 아픈 여자 청소년 거식증 환자가 있다. 입원

초기에는 먹지 않는 이유에 대해 말하기를 거부했으나, 시간이 지나면서 간호사와 친해지자 차츰 말문을 열었다. 그녀는 딸 셋 중에서 둘째였다. 언니는 첫째라 부모의 관심을 받고 막내는 막내라 사랑받았지만, 그녀는 그렇지 못했다. 학교에서 돌아오면 숙제를 하는 게 아니라 쌀을 씻어 놓거나 청소를 하는 등 집안일을 했다. 자신에게는 좀처럼 차례가 돌아오지 않는 엄마의 사랑과 인정을 받기 위해……

설상가상으로 사춘기에 들어서면서 하루가 다르게 키가 쑥쑥 크고 발육이 빨라졌다. 자그마한 어린아이일 때도 사랑을 못 받았는데 덩치까지 커지면 엄마의 시선이 더욱 멀어질 것만 같아 극도로 불안해졌다. 급기야 몸이 더 이상 자라는 것을 막아보려고 먹는 것을 중지했다.

엄마 사랑을 받기 위해 먹기를 마다한 아이의 사연이 눈물겨웠다. 신체 성장을 저지하기 위한 필사적인 몸부림이었다. 더욱이 우리 모두 입을 다물지 못한 것은, 엄마도 딸 셋 중에 둘째라는 사실을 알게 되었을 때였다. 엄마도 부모의 사랑과 관심을 못 받고 자라 한이 맺혔으면서 자신과 똑같은 둘째 딸에게 고스란히 대물림을 한 것이었다. 다행히 이 여자아이는 거식증의 이유가 분명했고 엄마와 상담을 병행하면서 회복이 빨랐다.

신경성 식욕부진증이라고도 불리는 거식증은 대표적인 섭식 장애(식이 장애) 중 하나다. 쉽게 말하자면 '먹기 장애'다. 정신과 환자들 중 음식에 독이 들어 있다는 독약 망상이 있는 경우, 또는 기분이 들떠 있고 매우 바쁘게 움직이는 조증 상태에서는 종종 음식 먹기를 거부한다. 하지만 거식증의 경우 안 먹는 이유가 살을 빼려는 데 있는 경우가 많다. 이들은 표준에 훨씬 못 미치는 체중이지만 자신이 살쪘다고 여긴다. 즉 왜곡된 신체상$^{body image}$을 가지고 있다. 체중 줄이는 것에 지나치게 집착하며, 살을 빼기 위해 계속 움직이거나 잠시도 쉬지 않고 왔다 갔다 하고, 심지어 앉아 있어야 할 상황에서도 앉지 않고 서 있는다. 여성은 체중이 심하게 감소하면 달거리를 거르게 된다.

거식증은 일명 '문화병'으로 선진국에 많다. 우리나라보다 일찍 거식증이 생기기 시작한 서구에는 식이 장애 환자만 입원하는 병동이 별도로 있을 정도다. 우리나라도 보릿고개가 있던 배고픈 시절에는 드물었으나, 먹고사는 문제가 해결되고 선진국 대열에 들어서면서 증가하고 있다. 주로 젊은 여성에게 발병하며 청소년기에 시작되는 게 보편적이나, 5퍼센트에 불과하던 남성의 식이 장애 비율이 최근에는 10퍼센트를 넘어 많게는 20퍼센트까지 이른다고 한다. 남성들은 거식증이 여성들 병이라고 생각해 수치스럽게 여기고 그 결과 치료에 대한 거부감이 심해 문제가 더 심각하다.

거식증의 원인은 복합적이다. 개인의 심리적 이유 외에 사회 · 문화적인 영향 또한 만만치 않다. 루키즘Lookism이란 외모에 지나치게 집착하는 외모 지상주의를 일컫는 말로, 현대 사회를 대변하는 단어 중에 하나다. 사회가 발전하면서 루키즘의 정도가 심각하다.

이처럼 나라 전체에 다이어트 열풍이 불고 있는 요즈음 입가에 잔잔한 미소가 떠오르는 광경을 목격한 적이 있다. 인천에서 회의를 끝내고 서울로 올라오는 전철에서 있었던 일이다. 저녁 늦은 시간이라 전철 안은 비교적 한산했다. 두어 정거장쯤 지났을까, 작업복 차림의 청년이 맞은편 구석자리에 앉았다. 작업을 막 끝낸 후인지 땀과 기름으로 번지르르해진 얼굴이 피곤해 보였다. 잠시 후 청년은 정면을 응시한 채 들고 있던 종이 쇼핑백에서 조심스럽게 뭔가를 꺼내 입으로 가져갔다. 초콜릿 파이였다. 마치 이 세상에 혼자 있는 것처럼 옆 사람, 앞 사람을 전혀 의식하지 않았다. 허리를 곧추세운 자세로 비닐 껍질을 까서는 한 입, 한 입 베어 먹는 모습이 거룩한 의식을 행하는 것처럼 숭고하게 느껴졌다. 옆 자리에 앉아 있던 남자 어르신이 이상하다는 듯 힐끔힐끔 쳐다보았지만 아랑곳하지 않았다. 하나, 또 하나……. 어림잡아 열 개 이상을 천천히 엄숙하게 먹더니 목적지에 도착했는지 아무 일도 없었다는 듯이 내렸다.

특별한 먹을거리도 아닌 파이가 마치 이 세상에 마지막 남은 먹을거리인 듯 귀하게 먹는 청년을 보고 있으니 부처의 일화가 떠올랐다. 부처는 생로병사라는 괴로움에서 벗어나고자 부다가야 부근의 설산으로 들어가 그 당시 출가자들의 풍습인 고행苦行을 시작했다. 하루에 쌀 한 톨, 콩 한 알로 연명하면서 피골이 상접하도록 고행에 전념했으나 해탈에 이를 수 없었던 부처는 6년 동안의 고행을 접었다. 허기진 상태로 누워 있는 부처에게 수자타 소녀가 우유죽을 공양했다. 그 우유죽을 먹고 원기를 회복한 부처는 보리수 아래에서 깊은 명상을 한 끝에 비로소 큰 깨달음을 얻었다.

이 일화를 들었을 때 우유죽이 부처의 깨달음에 중요한 역할을 했다고 생각했다. 아마 득도하는 데도 먹는 것은 필수인가 보다. TV에 출연한 한 영화 평론가가 말한 바에 의하면, 영화에서 대화하는 장면 다음으로 많이 나오는 장면이 음식 먹는 장면이라고 한다. 그만큼 먹는 게 우리네 삶에서 중요하다는 증거이리라.

표준을 웃도는 체중에도 단 한 번도 끼니를 거르지 못하는 나로서는 살을 빼기 위해 밥 먹듯이 끼니를 거르는 이들이 신기하기만 하다. 카펜터스의 달콤한 노래는 그립지만, 부디 이 땅의 젊은이들이 거식증으로 카펜터스의 뒤를 잇는 일은 일어나지 않았으면 하는 바람이다.

___내가 만일

___정신병에

___걸린다면

우리가 부러워 마지않는 예술가들은 창조성과 더불어 조울증으로 고통
스러워했다. 많은 경우 조울증이 치료되면서 동시에 예술성이 사라지
는 것을 경험한다. 그 결과 '질병에서 벗어난 인생의 행복이냐' 아니면
'질병 상태에서의 예술이냐' 사이에서 고민하게 된다.

"내가 만일 정신병에 걸린다면 아마 경조증 환자가 될 거예요."

내 말에 간호사실 테이블에 빙 둘러앉아 있던 동료들이 100퍼센트 동의한다는 듯이 고개를 끄덕였다. 진단은 환자 전용이 아니다. 정신과에서 근무하던 시절에 치료자들도 "만약 정신병에 걸린다면?" 이라는 질문에 각기 자가 진단을 내려보곤 했다. 자신이 잘 모르겠다고 하면 다른 치료자들이 그동안 봐왔던 것을 자료 삼아 진단을 내려주었다. 누구는 유난히 여기저기 아픈 데가 많아 자꾸 걱정이 된다며 건강 염려증, 누구는 한번 우울해지면 한없이 가라앉는다며 우울증, 누구는 강박 장애, 누구는 알코올 의존증……

간호사실 밖에 환자가 있듯이 간호사실 안에도 환자들이 있는 셈이다. 그러니 우리 모두 환자다.

　내 진단은 '경조증'. 가벼운 조증이라는 뜻으로, 기분이 조금 들떠 있
는 상태를 말한다. 어려서부터 내가 가는 곳은 늘 웃음으로 시끌벅적했
고 나는 각종 모임에서 사회를 도맡아 했다. 대학원 다닐 때도 내가 수
강 신청한 과목 담당 교수는 수업 첫 시간에 나를 보자마자 "아이쿠, 이
번 학기 수업은 주 선생 때문에 재밌겠네"라며 기대만발이셨다. 우스갯
소리를 들으면 수첩에 적느라 바쁜 친구들과 달리, 나는 들은 얘기에 무
언가를 더 보태서 원래보다 훨씬 재미있게 전달하곤 했다.
　수간호사로 근무할 때는 아이디어가 팍팍 떠올라, 장미꽃이 만발하
는 6월에는 한 달 내내 환자들과 포크 댄스를 준비하고 병원 스카이라운
지에서 요리 도구를 빌려 페스티벌을 개최했다.
　나는 잘 웃는 데다가 웃음소리까지 커서 간호사실에서 웃으면 복도
나 병실에 있던 환자들이 다 들을 정도다. 이런 나를 보며 환자들은 위
로를 많이 받았다고 전해왔다. "수간호사가 저 정도니 나야 뭐 병도 아
니네" 하면서. 그러니 내 진단명이 경조증인 것은 당연했다.

　경조증보다 기분이 심하게 뜬 경우를 '조증'이라 하고, 이에 반해 기
분이 심하게 가라앉는 경우를 '우울증'이라 한다. 또한 조증과 우울증

이 교대로 나타나는 것을 '조울증'이라 하는데 기분이 극과 극으로 나타난다 해서 양극성 장애Bipolar Disorder라고도 한다. 경조증이나 조증, 우울증, 조울증 모두 기분 장애에 속한다.

기분이란 순간적이고 일시적인 감정에 비해 지속적으로 일정 기간 동안 유지되는 정서 상태다. 누구나 들뜬 기분, 가라앉은 기분 등 다양한 기분을 경험하지만 대부분 어느 정도 조절하면서 살아간다. 기분 변화가 매우 심하고 통제하기 어려운 상태를 기분 장애라 하는데, 그 결과 사람들과의 관계에서 어려움을 겪거나 해야 할 업무를 제대로 수행하지 못하는 문제가 발생한다.

조증 상태에서는 생각이 많고 사고 과정이 빨라 쉴 새 없이 이야기를 하거나 주제에서 벗어나기 일쑤다. 흥분 상태가 계속되어 바쁘게 다니고 잠을 안 자는데도 피로를 잘 느끼지 못하며 의욕이 넘쳐나기도 한다. 평소와 다르게 옷차림과 화장이 지나치게 화려해지는가 하면 과한 돈 낭비와 현실에 맞지 않는 증폭된 자신감으로 엉뚱한 사고를 치기도 한다.

일찍이 아리스토텔레스는 "광기 없는 위대한 천재는 없다"라고 말했다. 그의 말을 증명이라도 하듯 역사적으로 유명한 사람들 중에는 조울증, 정신 분열증, 우울증 같은 정신 질환자가 많았다.

특히 창조성과 조울증의 관계에 대해서는 오래전부터 많은 연구가 이루어졌는데, 실제로 학계 발표에 의하면 열정적이고 창의적 활동을 하는 예술가들 중에 조울증이 많다고 한다. 조울증을 앓았던 음악가로는 로베르트 슈만Robert Schumann, 엑토르 베를리오즈Hector Berlioz가 있고, 작가로는 버지니아 울프Virginia Woolf와 어니스트 헤밍웨이Ernest Hemingway 등이 있다.

영국의 유명 작가인 버지니아 울프는 일생 동안 심한 조울증에 시달렸다. 그녀는 감정의 기복이 심한 자신을 카멜레온에 비유했다. 그녀는 우울증이 시작되면 심한 두통과 불안, 불면은 물론 악몽에 시달렸고, 심한 조증 상태에 있을 때는 이틀이고 사흘이고 쉬지 않고 계속 말을 했다고 한다.

스승의 딸이었던 클라라와의 결혼으로 유명한 로베르트 슈만의 생애는 창작력이 왕성해 작품 수가 많은 조증 시기와 작품 수가 격감한 우울증 시기로 명확하게 구별된다.

전 세계인이 가장 사랑하는 화가라고 해도 과언이 아닌 고흐는 화가로서 활동한 10년 동안 자그마치 2,000점 이상의 그림과 스케치를 그렸다. 실로 엄청난 양으로, 많은 조수를 거느리고 작업했던 다른 화가들의 작품 수보다 훨씬 많은 데다가 모두 걸작이다. 의학자들이 추정하는 고흐의 정신 질환은 조울증, 조현증(정신 분열병)을 포함해 서른 가지가 넘으며 이를 볼 때 고흐가 기분의 변화가 심했던 것만은 확실하다. 고흐의 병명에 대해 학계는 물론 일반인들까지 관심을 가지는 이유는 아마도 창조성과 질병의 연관성이 궁금하기 때문일 것이다.

최초로 조울증을 과학적으로 기술한 19세기의 정신과 의사 에밀 크레펠린Emil Kraepelin도 조울증이 예술 활동에 도움이 된다는 사실을 인정했다. 그렇다면 조울증이 창조성에 어떻게 기여하는 것일까?

조울증의 특징 중 하나는 창조적이고 예술적인 기질이다. 조울증이 있는 사람들은 감정적으로나 정서적으로 민감하다. 보통 민감성은 뇌의 전두엽이 억제하지만 조증 상태에서는 억제되지 않고 표출된다. 따라서 관습에 얽매이지 않은 독특한 표현이 가능하며 모험을 감수하는 경향이 높고 실험 정신에 열려 있게 된다.

창조성이란 가벼운 정신적 불안정 상태로, 정신적 압박이 없으면서도 무력화되지 않은 적절한 통제력으로 틀에 박히지 않은 창조적 결과를 만들어낼 수 있다. 결국 창조 과정과 조증 상태는 유사하다고 볼 수 있다.

가벼운 조증 상태인 경조증일 때 독창적 사고 능력과 문제 해결 능력, 특별한 집중력과 기억 능력이 가능한 반면 심한 조증 상태에서는 너무 많은 생각에 압도되어 의미 있는 탐구가 불가능하기 때문에 창조성을 발휘하는 것이 어렵다.

자신이 조울증을 앓았고 동시에 조울증 연구로 유명한 존스홉킨스 의과대학의 심리학 교수인 케이 레드필드 재미슨^{Kay Redfield Jamison}은 『조울병, 나는 이렇게 극복했다』라는 책에서 자신이 경험한 경조증에 대해 다음과 같이 묘사하고 있다.

"나의 조증은 초기의 약한 상태에서는 황홀할 정도의 기분 좋음과 유쾌함이 주된 특징이다. 이런 특징 때문에 개인적인 기쁨이 넘쳤고, 기발한 생각이 계속 떠올랐고, 소진되지 않는 에너지가 샘솟았다. 나는 그렇게 떠오르는 기발한 생각들을 종이 위에다 써놓기도 했고, 또 그것을 바탕으로 멋진 계획을 세우기도 했다."

우리가 부러워 마지않는 예술가들은 창조성도 많았지만, 동시에 조울증으로 고통을 받았다. 많은 경우 조울증이 치료되면서 동시에 예술성이 사라지는 것을 경험한다. 그 결과 '질병에서 벗어난 인생의 행복이냐' 아니면 '질병 상태에서의 예술이냐' 사이에서 고민하게 된다.

케이 레드필드 재미슨은 황홀하고 자신감 넘치는 조증 상태가 일종의 중독이며 포기하기 어려운 매력이라고 지적하면서, 그런 조증 상태를 포기할 때 "시원섭섭했다"라는 자신의 심정을 토로했다. 그녀의 글을 읽고 있노라니 조증 상태로 입원했던 환자가 생각났다.

병동 거실에서 20대의 젊은 청년 H 씨가 한참 흥에 겨워 얘기를 하느라 여념이 없었다. 그를 빙 둘러싸고 있는 환자들이 깔깔대며 웃는 소리가 간호사실 창문 너머로 끊임없이 들려왔다. 워낙 조용한 성격이었던 그였다. 하지만 입원하기 얼마 전부터 기분이 들뜨기 시작했고, 물건을 마구 사들이는가 하면, 처음 만난 이성과 쉽게 잠자리를 같이하는 일이 반복되었다.

이상하게 여긴 가족들이 그를 강제로 병원에 데려와 진찰을 받았고 급기야 입원까지 하게 되었다. 치료가 진행되면서 차츰 기분이 가라앉았다. 그러자 병동의 어느 누구도 조용해진 그에게 관심을 가지지 않았다. 예전의 상태로 돌아가고 있음을 눈치 챈 그는 괴로워했다.

어느 날 주치의와의 면담에서 그는 자신을 더 이상 치료하지 말아달라고 간곡히 부탁했다. 조용히 살 때 다른 사람들의 이목을 끌지 못하고 존재감이 없었는데, 기분이 뜨자 재미있는 이야깃거리가 입에서 술술 풀려나왔고 자연히 사람들이 그의 주위에 모여들었다. 태어나서 처음으로 다른 사람들의 관심을 받을 수 있다는 게 더없이 행복했으며, 다시 예전으로 돌아가고 싶지 않다는 것이었다. 치료되는 자신을 못 견뎌하는 그를 지켜보며 우리 모두 난감해했다.

내 나이 이순耳順에 가까워지니 웃는 횟수도 확연히 줄고 우스갯소리를 들어도 잘 기억하지 못한다. 만발하던 아이디어들도 줄어서 가끔씩만 겨우겨우 독창적이다.

더 이상 치료를 말아달라던 H 씨처럼, 조증 상태가 가라앉으니 왠지

허전했다던 케이 레드필드 재미슨 교수처럼, 나도 큰 웃음소리와 창조

적인 아이디어 덕분에 경조증 진단명을 받았던 그때가 문득문득 그립다.

끝이 있는___

터널,_____

우울증_____

스타이런은 말한다. 원인 모르게 몰려온 폭풍우가 원인 모르게 가버리듯이 끝이 없을 것 같은 우울의 고통도 언젠가는 끝이 있음을 믿고, 희망을 버리지 말고 지옥의 심연에서 걸어 나오라고. 터널 속에 있다 보면 깜깜하여 마치 끝이 없는 동굴 속에 갇혀 있는 것 같지만, 계속 걸어 나오다 보면 마침내 밖으로 이어지는 출구 앞에 서게 된다는 말이리라.

메릴 스트리프. 영화광이 아니더라도 이름은 충분히 알 수 있는 미국의 여배우다. 아카데미 여우 주연상에 열여섯 번이나 노미네이트되었고, 세 번의 수상 경력을 자랑하는 이 시대 최고의 여배우다. 그녀에게 처음 여우 주연상의 감격을 안긴 작품은 〈소피의 선택〉이었는데, 이 영화의 원작자는 윌리엄 스타이런으로 퓰리처상과 아메리칸 북어워드 같은 굵직한 상을 수상한 유명 작가다.

그의 작품 중에는 극심한 우울증의 고통 속에 빠져 있다가 극복하기까지, 자신의 경험을 세밀하게 그려낸 자전적 회고록인 『보이는 어둠』이 있다. 그 작품에서 그는 우울증에 대해 다음과 같이 기술하고 있다.

"우울증은 신비로운 고통을 수반하며, 증상도 오로지 자신만이 알 수 있고, 기묘하고 포착하기 어려워 이것을 글로 표현하는 일은 불가능에 가깝다……. 대부분의 사람은 이것을 일반적인 우울함이 약간 깊어진 것 정도로만 이해하는 듯하다. 그러나 지금 이야기하는 우울증은 일상생활 속에 흔히 존재하는 친숙한 우울이 아니라, 우리의 상상을 초월하는 심각한 상태인 것이다."

윌리엄 스타이런이 '절망을 넘어선 절망이자 언어 너머에 있는 어둠'이라고 표현한 우울증은 누구나 경험할 수 있는 슬픔이나 일시적인 우울감과는 본질적으로 다르다. 시간이 지나면 저절로 회복되는 우울한 기분과는 달리 우울증은 상황이 좋아지거나 시간이 지나도 저절로 사라지지 않는다.

우울증은 다양한 증상을 동반한다. 집중력이 떨어지면서 기운이 없고 동작이 느려지며 무기력해지고 무감각해진다. 이러한 상태는 생각이나 행동, 신체에까지 영향을 미친다. 자신과 사물에 대한 무가치감이나 죄책감 같은 부정적인 생각이 끊임없이 떠올라 고통스러운 데다가 식욕이나 수면에도 장애가 생겨 일상생활이 엉망이 되고 사회생활까지 위축된다. 사는 게 사는 것 같지 않은 고통의 심연으로 끝없이 추락하는 경험을 하게 된다. 한마디로 우울증 환자가 경험하는 고통은 상상 이상으로 심각하다. 끝없는 절망감과 무가치감, 무감각 상태로 자신이 힘든 것은 물론이거니와 옆에 있는 사람도 덩달아 피곤하고 힘들어지기 십상이다.

언젠가 친분이 있는 집안 어르신이 갱년기 우울증으로 우리 병동에 입원하셨다. 하루는 짬을 내 그분 병실로 갔다. 무슨 말을 여쭤어도 시종일관 대답 한마디 없으셨다. 책에 쓰여 있는 대로, 옆에 같이 있어주는 것만으로도 치료 효과가 있다는 것을 기억하며 아무 말씀 없는 그분 옆에 가만히 앉아 있었다. 그분과의 사이에 흐르는 침묵이 바닥 모를 심연처럼 깊고 무거웠다. 한 30분 흘렀을까? 오래 앉아 있었으니 이제 그만 일어나야지 하며 인사드리고 간호사실에 와서 시계를 보니 겨우 5분이 흘렀을 뿐이었다. 이럴 수가! 그때 우울한 사람 옆에 같이 있는 것이 얼마나 힘든 것인지 절실하게 느꼈다.

우울증이 얼마나 고통스러운지는 말이나 글로 표현하기 어렵기 때문에 직접 겪어보지 않은 사람들로서는 우울증의 고통을 근본적으로 상상할 수가 없다. 절망과 고통을 남에게 있는 그대로 전달할 수 없기에 공감받는 것도 불가능한 우울증은 겪는 사람들의 어려움을 가중시킨다.

'마음의 감기'라고 불리는 우울증은 세계보건기구에서 2020년에는 사망 원인 2위가 될 것이라고 예측할 정도로 많은 사람이 경험하는 질환이다. 다행인 것은 마음의 감기라는 별명에 걸맞게 우울증은 정신과 질환 중에서 가장 치료가 잘되는 질환 중 하나라는 것이다. 제때 적절한 치료를 받으면 80퍼센트 이상이 호전되며 이전의 모습으로 돌아갈 수 있다.

반면에 우울증을 누구나 겪을 수 있는 마음의 상태로 가볍게 치부한 나머지 치료가 꼭 필요한 질병임을 간과하기 쉽다. 우울증도 다른 질병처럼 제때 제대로 치료받지 않으면 여러 심각한 결과들을 초래할 수 있는데, 그중 가장 치명적인 것이 바로 자살이다. 정신 질환 중 자살과 가장 연관이 깊은 질환은 우울증으로, 실제로 우울증 환자의 10~15퍼센트가 자살을 시도한다고 한다.

우울로 인한 극심한 고통으로 죽음의 문턱까지 갔다가 어린 시절의 추억을 불러일으키는 음악 한 소절에 문득 정신을 추스르고 스스로 정신 병원에 입원해 우울증에서 무사히 빠져나왔다는 스타이런의 글을 읽다 보니, 퇴원 날짜를 받아놓은 상태에서 스스로 삶을 마감한 환자가 떠올랐다.

병동에서 걸려온 전화로 C 씨의 사고 소식을 들은 것은 일요일 오후, 저녁에 있을 가족 모임을 위해 한창 부엌에서 음식을 장만하고 있을 때였다. 사건 당사자는 우울증으로 입원한 이후 치료 과정에서 약물에 대한 반응이 쉽지 않아 이 약, 저 약 다양하게 시도하던 중 다행히 증세가

많이 호전되어 퇴원을 일주일 앞두고 있었다. 퇴원 후 다시 돌아갈 현실 생활에 잘 적응하도록 하기 위해 퇴원을 앞둔 환자들에게만 허용되는 자유 산책을 나갔다가 병원 건물에 올라가서 투신했다는 소식을 듣는 순간 어안이 벙벙했다. 퇴원을 코앞에 두고 자살이라니…….

당시만 해도 사회적으로나 주변에서 자살을 자주 접하지 않았던 터라 그의 자살 소식은 큰 충격이었다. 게다가 퇴원 날짜를 잡아놓은 상태에서 삶을 등졌다는 사실이 도저히 믿기지 않았다. 사건 당일 오후에 자유 산책을 나가기 전 환자에게 있었던 일이라고는 오전에 가족을 면회한 게 전부였다.

그 사건으로 주치의는 물론 병동 치료자 모두 한동안 충격에서 헤어나지 못했다. 스타이런의 표현처럼 어쩌면 한 번도 우울증에 걸려보지 않은 우리는 죽을 때까지 우울증 환자가 경험하는 고통의 성격과 깊이를 이해하지 못할지도 모른다.

조울증과 마찬가지로 우울증도 예술가들에게서 많이 발생한다. 많은 예술가들이 우울 상태에서 자살을 시도했으며, 그중 적지 않은 이가 자살로 생을 마감했다. 영국의 유명 작가인 버지니아 울프, 천재 미술가 빈센트 반 고흐, 노벨 문학상을 수상한 미국의 작가 어니스트 헤밍웨이 등.

반면에 우울증과 함께 힘든 삶의 여정을 한 걸음 한 걸음 걸어간 유명인도 많다. 가장 대표적인 사람이 바로 링컨이다. 그는 20대에 우울증이 발병해 성인기의 절반 이상을 '엽총을 소지하고 다니면서 자살을 꿈꿨던 만성 우울증 환자'였다. 그러나 자주 반복되는 극심한 우울의 고통에도 링컨은 미국뿐 아니라 세계 역사상 가장 존경받는 대통령으로 우뚝 섰다.

그렇다면 똑같이 우울증의 공격에도 왜 어떤 사람은 죽음의 문으로 걸어 들어갈 수밖에 없고 어떤 사람은 죽음의 문 앞에서 발걸음을 돌이켜 돌아 나올 수 있는 것일까?

우선 무엇보다 우울증 당사자와 가족 같은 주위 사람들 모두 우울증이라는 상황을 수용하고 받아들여야 한다. 우울증을 정신병으로 보고 감추어야 할 스티그마Stigma로 여기는 시각을 넘어서야 한다. 스타이런도 우울증이 그토록 커다란 파괴력을 가지는 이유는 그 병에 대한 사람들의 오해와 무지 때문이라고 말한다. 링컨이 오랫동안 지속된 우울증의 고통을 위대한 힘으로 승화시킬 수 있었던 것도 자신의 우울증을 이해하고 수용하려고 처절하게 노력했기 때문이다.

우울증은 정신이 나약하거나 의지가 약해서 생기는 일시적인 현상이 아니다. 따라서 마음을 굳게 먹는다고 해서 극복되는 것이 아니며 의지로 없앨 수 있는 것 또한 아니다. 심한 우울증은 치료가 꼭 필요한 심의학적 질병이라는 사실을 인정해야 한다. 적절한 치료를 받는 것이 무엇보다 중요하다. 필요하면 입원 치료도 받아야 한다.

또한 가족을 비롯한 주위 사람들이 헌신적으로 돌본다면 자살을 방지할 수 있다. 때로 자살하려는 사람을 돌보는 것이 마치 밑 빠진 독에 물 붓는 것 같고 벽창호를 대하는 것 같아도, 헌신적이고 끈질긴 관심과 격려는 우울증으로 인해 자살의 문턱까지 다다른 사람을 구할 수 있는 중요한 요인이다.

자살을 시도하는 사람들의 특성 중 하나가 시야의 협착이다. 일명 '터널 시야'다. 옥죄어오는 우울의 고통으로 가득 찬 터널에 있기 때문에 다른 것들은 보이지 않고, 마치 끝이 없는 동굴에 갇혀 있는 것처럼 느끼기 쉽다. 눈앞에 놓인 깜깜한 상태에만 시선이 고정되어 터널 밖에 또 다른 세계가 엄연히 존재한다는 생각을 하지 못하면 결국 극단적인 선택을 하게 된다.

스타이런은 말한다. 원인 모르게 몰려온 폭풍우가 원인 모르게 가버리듯이 끝이 없을 것 같은 우울의 고통도 언젠가는 끝이 있음을 믿고, 희망을 버리지 말고 지옥의 심연에서 걸어 나오라고. 터널 속에 있다 보면 깜깜하여 마치 끝이 없는 동굴 속에 갇혀 있는 것 같지만, 계속 걸어 나오다 보면 마침내 밖으로 이어지는 출구 앞에 서게 된다는 말이리라.

우울증에서 회복한 무수히 많은 사람이 바로 '우울증은 극복될 수 있다'는 사실에 대한 명백한 증거다.

어둠의 터널을 거의 다 빠져나오다가 몸을 돌려 다시 어둠의 동굴로 영영 들어가 버린 C 씨를 떠올릴 때마다 마음 한구석이 싸하게 아려온다. 우울증의 극심한 고통 속에서 죽음의 문턱까지 갔으나 뒤돌아서 눈부신 세상 속으로 걸어 나온 윌리엄 스타이런의 회고록은 이렇게 끝을 맺고 있다.

"그래서 우리 빠져나왔도다, 다시 한 번 별을 보게 되었노라."

치매

환자

존중하기

가족은 물론 거울 속 자신의 모습조차 못 알아보는 것이 치매다. 하지만 치매는 '살아온 삶에 대한 필요한 현상이요 치유 과정'이라는 시선으로 이해하고 인정하며 더 나아가 '존엄성'으로 대할 때, 치매 당사자와 돌보는 이 모두가 서로에게 '소중한 사람'으로 거듭나는 기적의 꽃이 망울망울 피어나리라!

아내와의 성관계가 뜸하던 남편이 갑자기 하룻밤에도 여러 번 성관계를 하자고 덤벼들면 무슨 병을 의심해야 할까?

정답 : 치매

이유 : 마누라가 딴 여자인 줄 알고 그러는 것이다.

퀴즈가 시사하는 중요한 점은, 치매가 아내도 못 알아볼 정도로 심각한 질병이라는 것이다. 치매를 나타내는 디멘치아dementia라는 단어는 라틴어의 디멘스에서 나온 말로, 문자 그대로 '제 정신이 아닌out of mind'

상태를 의미한다.

전체 치매의 50~60퍼센트를 차지하는 알츠하이머병은 뇌세포가 퇴행하면서 생기는 치매로, 1907년 이 질환을 최초로 보고한 독일의 정신과 의사 알로이스 알츠하이머Alois Alzheimer 박사의 이름을 따서 지은 것이다. 최근에 아동 치매도 발생하며 젊은 연령층의 치매 발생률이 높아지고 있다는 학계의 보고가 있긴 하나, 치매는 주로 노년기에 많이 생긴다. 연령이 많아질수록 치매 발생률이 증가해, 65세 이후 5세 증가할 때마다 치매 발생률이 거의 2배씩 증가한다.

우리나라는 세계에서 유례없이 빠른 속도로 고령화 사회로 진입하고 있으며 그 결과 노인성 치매도 급증하고 있다. 보건복지부에 따르면 2005년 우리나라 65세 이상 인구 가운데 6.5퍼센트인 약 36만 명이 치매 고령자이며, 2020년에는 64만 9,000명으로 증가할 것이라고 한다.

주위에서 쉽게 치매 환자를 볼 수 있게 되면서 사람들은 자신도 혹시 치매가 아닌가 걱정한다. 차를 어디에 주차했는지 기억나지 않아 온 주차장을 헤매고 다니기도 하고, 딸 결혼식을 위해 간단하게 드라이만 하려고 미장원에 갔다가 파마를 권하는 미용사 말에 딸 결혼식은 새까맣게 잊고서 파마하느라 결혼식에 늦었다는 웃지 못 할 얘기 등, 기억이 깜빡깜빡하는 데 얽힌 얘기는 수도 없이 많다. 이럴 때 우리끼리는 '살치(살짝 치매)'라 부른다.

치매는 건망증과 근본적으로 다르다. 건망증이란 기억의 일부가 일시적으로 생각나지 않을 뿐, 상황을 올바르게 인식하는 능력인 지남력과 판단력은 대부분 온전하다. 또한 힌트를 주면 금방 기억할 수 있으며, 자신이 기억하지 못한 것을 인정한다. 이에 비해 치매는 기억력뿐 아니라 지남력과 판단력 등 여러 기능에 전반적인 장애가 있다. 힌트를 줘도 전혀 기억을 못하며, 스스로 기억 장애가 있다는 것을 인정하지 않는 경우가 많다.

고령화가 세계적인 추세가 되면서 치매가 많아지고 심각한 질병의 하나로 부상하는 시대적 상황을 반영이나 하듯 치매를 소재로 다루는 영화나 드라마가 많아졌다.

캐나다 영화 〈어웨이 프롬 허〉에서 줄리 크리스티가 프라이팬을 찬장이 아닌 냉장고에 넣는 장면이 나온다. 영국 영화 〈아이리스〉에는 "언어는 인간의 사고와 직결된다"라며 평소 정확한 언어 사용의 중요성을 강조하던 최고의 지성인이자 소설가인 아이리스가 글을 쓰는 도중에 간단한 단어의 철자가 생각나지 않아 쓰고 지우기를 반복한다.

미국 영화 〈노트북〉에서는 치매에 걸려 자신을 알아보지 못하는 사랑하는 여인에게 자신들의 열렬했던 사랑을 기록한 노트북을 읽어주고,

한 샐러리맨 가장의 치매를 다룬 일본 영화 〈내일의 기억〉에서는 아내를 못 알아보고 무심히 지나치는 남편의 표정과 그 모습을 지켜보면서 슬픔을 속으로 삼키는 아내의 표정이 스크린을 가득 메운다.

치매에는 흔히 '정신 행동 증상'이 동반된다. 자신의 돈이나 물건을 훔쳐갔다고 주위 사람들을 의심하거나 쉽게 화내고 폭언과 폭행이 자주 나타난다. 일본 영화 〈소중한 사람〉에서도 치매에 걸린 시어머니가 이웃들이 다 보는 앞에서 자신을 지극정성으로 돌보는 며느리의 머리채를 잡고 마구 화를 내는 장면이 나온다.

치매가 더 심해지면 식사나 대소변 같은 가장 기본적인 일상생활을 스스로 하지 못한다. 〈아이리스〉에서도 주인공이 아무 데서나 오줌을 눌 정도로 증세가 심해진다. 치매 말기에는 대소변 문제가 더 심해지고 잘 걷지 못해 거동이 힘들어지며, 욕창이나 폐렴 등 신체적 합병증이 생겨 결국 사망에 이른다.

예전에는 치매 환자를 대개 집에서 돌봤기 때문에 치매 환자가 정신과 병동에 입원하는 경우는 아주 드물었다. 하루는 남자 어르신 한 분이 치매로 입원했다. 교직에 몸담고 있다가 퇴직한 분으로 젊었을 때는 꽤나 핸섬하고 멋쟁이였을 외모였다. 치매가 시작되어 집에서 며느리가 간병을 하는데, 증상이 심해져 며느리를 욕하고 때리는 데다가 노골적으로 성적인 행동을 해, 견디다 못한 가족들이 정신과 병동에 입원시켰다.

입원 다음 날 아침 갑자기 남자의 고함이 간호사실까지 들렸다. 화가 잔뜩 난 큰 목소리에 다들 놀라서 소리 나는 방으로 뛰어갔다. 방에서는 남자 어르신이 몹시 흥분한 얼굴로 거울을 향해 삿대질을 하면서 "저기 저 늙은 영감탱이가 허락도 없이 남에 방에 들어와 있어. 당장 쫓아내, 쫓아내!"라고 고함을 치고 있었다. 교과서에서만 봤던, 자신도 못 알아보는 증상이었다. 그 당시로선 거울 속의 자기 모습을 몰라본다는 사실이 꽤 충격적이었다.

현대 의학에서는 치매 증세가 악화되는 것을 다소 늦추는 정도의 치료법밖에 없다. 게다가 초고령 사회 진입을 바로 코앞에 두고 있는 우리 사회에서 치매는 한 개인이나 가정의 문제를 넘어선 사회적 이슈다.

전보다 전문 요양 시설이 많아졌고 복지 제도가 다양해지긴 했지만, 치매 인구에 비해 아직 시설이 부족하고 비용도 비싸서 치매 환자를 돌보는 부담은 여전히 가족의 몫인 경우가 많다. 치매 증세가 심해질수록 가족들은 지치고, 결국은 부양의 책임을 서로 미루다 가족끼리 등지게 되었다는 가슴 아픈 이야기들이 이 집 저 집에서 들려온다.

이런 안타까운 현실에서 치매의 근본적인 치료 방법을 개발하는 것은 의료진의 몫이라 치고, 치매에 걸린 가족을 대하는 나머지 가족들의 태도를 생각해보자. 대부분 '치매'라고 단정 짓는 순간부터 환자의 이야기를 더 이상 귀담아 들으려 하지 않는다. 그러니 서로 간에 높다란 벽이 생기고 골도 깊어진다. 치매 당사자는 대부분 골방 신세를 면치 못하고 고립된 채 지내기 십상이며, 그 결과 증세가 더욱 심해지는 악순환이 거듭된다.

그렇다면 치매에 걸린 가족을 어떻게 대하는 것이 바람직할까? 이에 대한 답을 〈소중한 사람〉의 한 장면에서 찾을 수 있다. 시어머니의 치매 증세가 심해져서 더 이상 집에서 모시기가 어려워지자 며느리는 요양원을 알아보기 위해 나선다. 때마침 방문한 양로원 원장은 며느리에게 다음과 같은 말을 들려준다.

"치매에 걸린 시어머니를 한 번이라도 칭찬해주신 적 있나요? 사람은 인정받지 못하면 살 수가 없어요. 있는 그대로의 자신을 받아들여줘야 살아갈 이유가 있는 거죠."

맞다! 치매에 걸려 엉뚱한 말과 행동을 일삼을 때 사실 가장 괴로운 사람은 당사자인데, 주위 사람들은 엉뚱하고 뜬금없다면 나무라기만 한다. 주위에서 핀잔을 받을수록 위축되고 자신감이 없어지면서 불안감과 공포까지 가중되어 증상은 더욱 심해진다.

바로 이때 치매 환자를 있는 그대로의 존재로서 '이해'하고 '인정'하는 것이 가장 중요하다.

영화가 아닌 실제 현실에서 이것을 실현하고 있는 우리 이웃이 있다. 치매 어머니를 모시고 시골로 내려가 집을 짓고 사는 전희식이 그 주인 공이다. 그는 치매 때문에 엉뚱한 말을 일삼는 어머니를 절대 하대하지 않는다. 집을 나서거나 들어설 때면 언제나 큰절로 인사를 드린다. 또 무슨 일이든 어머니에게 먼저 알린다. 혼자 뒷간에 갈 수가 없어서 방 여기저기에 흩뿌려진 어머니 똥을 보고 꽃이라 표현하는 치유의 힘. 이 것이 바로 치매 어머니의 치유 과정을 글로 옮긴 책 『똥꽃』이 되었다.

그는 치매란 '포기한 삶의 틈새로 끼어든 이물질'이라 표현했다. 그 러기에 치매에 대한 처방과 돌보는 방법은 "저항하지 않고 순응하는 것, 있는 그대로를 사랑하며 거기서 삶의 이치와 하늘의 메시지에 귀 기울 이는 것이 바로 그것이다"라고 말한다.

또한 그는 치매의 시작과 악화는 나이가 들면서 '자신만의 할 일'이 없어지고, 그에 따라 존재 가치와 자신감이 상실되는 것과 밀접한 관계 가 있다고 보았다. 그러기에 어머니만이 할 수 있는 일을 만들어 드리려 고 노력한다. 느닷없이 화를 내는 어머니의 현실 감각을 되찾기 위해 양 말에 일부러 구멍을 낸 후 어머니에게 슬쩍 내민다. 구멍 난 양말을 보 는 순간 본능적으로 양말을 집어 들고 바느질에 집중하다 보면 어머니의 분노는 언제 그랬느냐는 듯이 사라지고 만다. 이렇듯 작은 일이나마 자신만의 일을 하다 보니, 일 년이 지날 무렵에는 마침내 치매 어머니가 아들에게 수제비를 만들어 밥상을 차려주는 상태까지 회복했다.

가족은 물론 거울 속 자신의 모습조차 못 알아보는 것이 치매다. 하지만 치매는 '살아온 삶에 대한 필요한 현상이요 치유 과정'이라는 시선으로 이해하고 인정하며 더 나아가 '존엄성'으로 대할 때, 치매 당사자와 돌보는 이 모두가 서로에게 '소중한 사람'으로 거듭나는 기적의 꽃이 망울망울 피어나리라!

불안은

중요한

경고

살아가면서 불안을 피할 수는 없다. 우리의 삶이 늘 불확실해 실존적인 불안이 항상 따르기 때문이다. 하지만 불안은 나를 구성하는 요소들 간에 긴장과 갈등이 있는 상태일 뿐 인간의 본질은 아니며, 우리는 불안보다 큰 존재다. 또한 불안은 영원하지도 않다. 불안은 정서의 일종이기 때문에 내가 붙들고 늘어지지 않는 이상 잠시 머물다 가는 손님과 같은 존재다.

"간호사님, 간호사님!"

B 환자의 다급한 목소리가 간호사실까지 들렸다. 담당 간호사는 작게 한숨을 내쉬며 B 환자 병실로 갔다. 아나나 다를까, B 환자가 울 것 같은 표정으로 발을 동동 구르며 화장실 문 앞에 서 있었다.

"간호사님, 제발 화장실 문 좀 열어주세요, 급해요, 급해!"

B 환자는 화장실 손잡이가 불결하다는 생각 때문에 손잡이에 손을 대지 못했다. 그러니 화장실을 갈 때마다 다른 사람에게 대신 열어달라고 부탁을 해야만 했다. 처음에는 같은 방을 쓰는 환자들이 안쓰러워하며 대신 열어주었다. 하지만 나중엔 다들 지쳐서 B 환자를 피해 병실 밖으로 나가버려 매번 간호사를 부르는 터였다. 게다가 하루 종일 세면대

에 서서 수도 없이 손을 닦는 바람에 손이 퉁퉁 불어 있었다. B 환자의 진단은 '강박 장애'였다.

강박 장애란 원하지 않는 생각을 반복적으로 하는 '강박적 사고'와 행동을 반복적으로 하는 '강박적 행동'을 특징으로 한다. 흔히 자주 손 씻기, 숫자 세기, 확인하기 등과 같은 행동을 반복한다. 이런 반복 행동들은 일시적으로 불안을 덜어줄 뿐 곧 다시 불안해진다. 궁극적으로는 불안을 감소하는 데 도움이 되지 않는다.

월요일 아침, 환자 전체 차 모임이 시작되는 시간이었다. 맞은편에 여자 환자가 앉자마자 한 남자 환자가 얼굴이 벌게져서 황급히 방으로 들어가버렸다. 조금 전에 오늘은 어떻게든 차 모임 끝날 때까지 버텨보겠노라고 약속한 K 환자였다. 병실로 따라가보니 고개를 푹 숙인 채 "수간호사님, 도저히 못 앉아 있겠어요"라고 떠듬떠듬 말했다.

그는 다른 사람들 앞에서 말하거나 행동하는 것을 매우 힘들어하는데다가 특히 이성 앞에서 불안이 극에 달했다. 여성이 있다 싶으면 갑자기 식은땀이 나고 목이 콱 막히면서 눈앞이 캄캄해졌다. 마음을 굳게 먹고 여성과의 대면을 시도했지만 심한 불안 때문에 번번이 졸인 감자가 되어버렸다. 당연히 여성에게 한마디 말도 건넬 수가 없었다. 결혼 적령기를 넘기면서 친하게 지내던 친구들이 하나둘씩 결혼하고 어느덧 혼자만 싱글로 남은 그는 이대로 안 되겠다 싶어서 정신과를 찾았다. 증상의 심각도로 봐서는 폐쇄 정신과 병동에 입원할 상태는 아니었지만, 그 당시로선 개방 병동이 없었기에 폐쇄 정신과 병동에 입원하게 되었다. 그의 진단명은 '사회 공포증' 이었다.

대인 관계에서의 공포와 달리, 높은 곳에 오르는 것 같은 특정한 조건에 처하거나 뱀, 주사기 바늘 같은 특정한 대상을 접했을 때 과도하게 불안해지고 통제가 되지 않는 경우는 '특정 공포증' 이라 한다.

요즘 지하철을 타면 갑자기 숨이 막히며 심장이 터질 것처럼 빨리 뛰어 극도의 불안 상태에 이르는 '공황 장애' 때문에 괴로워하는 주변인들을 쉽게 볼 수 있다. 공황 장애란 특별한 원인이나 조짐 없이 갑작스럽게 나타나는 극심한 불안 상태, 즉 공황 발작panic attack이 반복되는 질환이다. 특히 이런 발작을 몇 번 경험한 사람들은 '또 언제 발작이 올지 모른다' 는 예기 불안에 시달린다.

이러한 '강박 장애', '사회 공포증', '특정 공포증', '공황 장애' 는 모두 불안 장애에 속하는 질환이다. 이외에도 과도한 불안과 걱정이 장기간 지속되며 이를 통제하기 어렵고 불안과 연관된 다양한 신체 증상(불면, 근긴장도 증가 등)이 나타나는 범불안 장애나 외상 후 스트레스 장애 등도 불안 장애에 속한다. 실제로 불안 장애로 고생하는 사람들이 많은

것에 비해 잘 알려지지 않고 있다가, 요즘 들어 공황 장애나 강박 장애
등이 일반인들에게 알려지면서 불안 장애에 대한 인식이 조금씩 높아지
고 있다.

사실 불안 장애까지는 아니더라도 우리 모두는 늘 불안을 겪으며 산
다. 불안한 상태를 나타내는 'anxious'라는 단어는 '질식시키는', '괴
롭히는'을 의미하는 라틴어 'angere'에서 유래했다. 불안은 생존을 위
협하는 위험이 감지될 때 경험하는 불쾌하고 고통스러운 정서 반응이
다. 불안은 자신이 전혀 인지하지 못하기 때문에 발생하기도 하지만, 새
로운 직장이나 출산 같은 새로운 경험을 할 때 생기기도 한다. 불안은
주관적인 개인의 경험이기 때문에 같은 상황에서 불안을 느끼는 사람이
있는가 하면 전혀 불안을 느끼지 않는 사람도 있다. 불안은 전염력이 있
어서 불안한 사람 옆에 있으면 덩달아 불안해지기 쉽다. 유아기에 시작
한 불안은 전 생애에 걸쳐 지속되다가 가장 불확실한 '죽음에 대한 공
포'로 끝난다.

우리는 위험한 상황에 놓이면 불안을 느끼면서 본능적으로 피하거
나 싸우려는 반응을 한다. 불안할 때 몸이 긴장하고 맥박이 빨라지며 호
흡이 거칠어진다. 이런 신체적 반응들은 그 자체로 불편한 데다가 많은
에너지를 소모하기 때문에 피로를 유발한다. 또한 불안은 죄책감, 우울

감, 무력감, 짜증 같은 부정적 정서로 이어지기 쉽다.

하지만 불안이 해롭기만 한 것은 아니다. 불안은 인간이 살아가는 데 기본이며 중요한 경고를 제공한다. 적절한 불안은 위험을 재빨리 인식하고 민첩하게 행동해 상황에 적절히 대처할 수 있도록 도와준다. 이처럼 불안할 수 있는 능력은 생존하는 데 필수적이다.

게다가 불안이 없으면 좋을 것 같지만, 역설적이게도 불안이 전혀 없는 다행증euphoria 상태에서는 개인의 변화를 자극하는 에너지인 동기 수준이 낮아 학업이나 업무의 성취 정도가 형편없이 떨어진다. 이에 비해 조절할 수 있는 정도의 불안은 동기 요인motivating force으로 작용한다. 시험을 앞두고 약간 불안해야 공부가 잘되고 시험도 잘 치를 수 있기 때문이다.

반면에 불안이 심해지면 합리적인 생각과 결정력이 저하되고 문제 해결 능력이 약화된다. 불안이 극심해지면 공황 상태가 된다. 불안 장애 진단은 과도한 불안 상태나 걱정이 6개월 이상 지속되는 경우에 내리는데, 이때는 과도한 불안과 공포로 일상생활에 어려움을 겪는다. B 환자는 강박 증상 때문에 학업을 계속할 수 없었고, K 환자는 대인 관계에서의 불편 때문에 결혼은 물론 직장 생활마저 제대로 할 수 없었다.

최근 들어 불안 장애의 원인이 뇌의 신경 전달 물질 때문이라는 것이

확실해지고 있다. 따라서 불안 장애의 치료는 의사의 진단 아래 약물 치료와 행동 치료 또는 인지 행동 치료를 주로 시행하는 것이 효과적이다.

그러나 불안 장애까지는 아니어도 실생활에서 시도 때도 없이 맞닥뜨리는 불안에 대해서는 어떻게 대처하는 게 좋을까? 물리적 위험에 노출되었을 때 본능적으로 피하려고 하는 것처럼, 우리는 불편한 생각과 감정도 자동적으로 피하려 한다. 하지만 유감스럽게도 물리적 위험과 달리 생각은 피하거나 없애려 할수록 오히려 더 몰입하게 된다. 게다가 생각을 누르거나 없애려 할 때 에너지가 많이 소모되어 힘들다. 결과적으로 불안한 생각과 감정을 없애거나 사라지게 하려는 예전의 방법은 효과적이지 않다. 요즘은 불안에 대해서 "예스!" 하는 대처법이 효과적이라고 알려지고 있다.

불안에 대해 "예스!" 한다는 것에 대해 미국의 심리치료사인 스티브 플라워즈Steve Flowers는 인지 치료와 마음 챙김 명상을 통합한 방법을 강조했다. 마음 챙김이란 자신의 생각과 감정을 판단과 평가 없이 있는 그대로 바라보고 흘러가게 두는 것을 말한다. 또한 불안해하는 자신을 소심하다고 비난하지 않고 따뜻한 시선으로 바라보는 것이다. 자신의 불안한 모습을 찌질하게 여겨 다른 이들에게 들키지 않으려고 안간힘 쓰는 것을 내려놓는 것이다. 이렇게 할 때 불안이 감소하고 자신은 물론 주변을 있는 그대로 받아들일 수 있다고 보았다.

밖에 나가 노는 것을 두려워하는 아이에게 무조건 "힘내", "씩씩하게 나가 놀아"라고 한들 엄마의 치마꼬리를 붙잡은 손을 놓을 수가 있겠는 가. 불안한 아이는 사랑으로 가득 찬 엄마의 눈길에 안심할 때 비로소 엄마 곁을 떠나 밖으로 나가 놀 수 있다. 마찬가지로 불안과 공포도 사 랑과 연민으로 돌보고 사랑해줄 때 비로소 떠나간다. 떠오른 생각을 허 용할 때, 생각을 억압하기 위해 사용하는 에너지 소모 또한 줄일 수 있 어 효과적이다.

혹자는 의문을 제기할 것이다. 자신의 생각과 감정을 있는 그대로 인 식하고 흘러가게 두라는 것이 말처럼 쉽고 간단한 일이냐고. 맞다, 간단 하지 않다. 오죽하면 '걱정도 팔자'라는 속담이 생겼겠는가. 이미 우리 몸과 마음에 깊이 새긴 습관으로 인해 비슷한 상황에 놓이면 자동으로 예전의 패턴이 반복되어 불안하고 고통스러워진다. 나도 모르게 걱정 하게 된다는 뜻이다.

예전의 습관을 잘 닦인 고속도로에서 자동차로 달리는 것에 비유한 다면, 새로운 습관을 만드는 것은 길도 없는 숲속을 걷는 것과 같다. 그 만큼 새로운 행동 양식이 자리 잡기 위해서는 반복적인 연습과 꾸준한 노력이 필요하다. 반복해서 걸어야 비로소 오솔길이 생기는 것과 같은 이치다.

살아가면서 불안을 피할 수는 없다. 우리의 삶이 늘 불확실해 실존적인 불안이 항상 따르기 때문이다. 하지만 불안은 나를 구성하는 요소들 간에 긴장과 갈등이 있는 상태일 뿐 인간의 본질은 아니며, 우리는 불안보다 큰 존재다. 또한 불안은 영원하지도 않다. 불안은 정서의 일종이기 때문에 내가 붙들고 늘어지지 않는 이상 잠시 머물다 가는 손님 같은 존재다. 그러니 마치 자신의 집을 방문한 손님을 대하듯, 불안과 함께 찾아온 생각과 감정, 행동을 친절하고 따뜻하게 맞이하는 것은 어떨까?

우리는 불안을 충분히 보듬을 수 있고, 더 나아가 불안으로 인해 더 강해지고 성장할 수 있다. 미국의 실존주의 상담사 롤로 메이Rollo May의 말처럼, 불안이 생기는 경험과 맞닥뜨리고 그것을 통과하며 극복할 때 자아의 긍정적인 측면이 발전한다. 오늘도 어느 틈엔가 마음속에 턱 하니 자리 잡고 있는 불안한 생각과 감정에 인사를 건넨다.

"반갑다, 친구야!"

PART 3

마음/ 극장의/ 스태프를/ 소개합니다

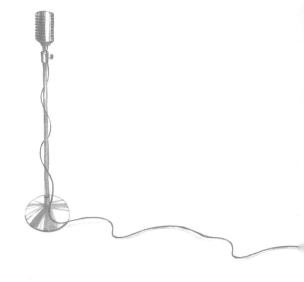

진짜_____

18년!_____

이 세상에서 가장 행복한 사람은 자기가 좋아하는 일을 하고 사는 사람이다. 하지만 자기가 하고 있는 일을 좋아하는 것도 행복 비결이다.

1995년 봄.

내 청춘이 고스란히 묻혀 있는, 서울시 종로구 S 대학교 병원을 그만 두었다. 늘 씩씩하게(?) 일했던 터라, 정년퇴직도 아니요 곧 실행되리라 소문이 돌던 명예퇴직도 아닌 그냥 사직이라고 했을 때 주변 사람들이 보인 반응은 모두 "깜짝 놀랐다"였다. 게다가 다른 직장으로 옮겨가는 것도 아니고 그냥 집에서 쉬려고 그만두는 거라 하니 주변인들의 놀라움은 더더욱 컸다.

사직 의사를 밝히고 나니 여기저기서 송별회를 해준다 해서 금방 한 달 스케줄이 꽉 찼다. 송별회에선 여러 추억 거리에 대한 이야기꽃을 피웠지만 당연히 "왜 퇴직하느냐?"에 이어 "몇 년 근무했느냐?"라는 질문이 이어졌다. 1977년 학부를 졸업하자마자 근무를 시작했으니 "18년!"이라 대답했다. 발음하는 나도, 듣는 이도 모두 민망했다.

"진짜 18년?" "응, 진짜 18년!"

내가 퇴직한 이후로 후배들 사이에는 '18년'째 그만두는 것은 남우세스러워서 안 되겠다며 17년에 사직하든지, 19년에 그만둬 '18년'은 꼭 피하자는 우스갯소리가 나돌았단다.

처음 병원에 입사하고 나서 얼마 지나지 않아 저소득층 근로자를 위해 세금 혜택을 주는 재형저축(근로자재산형성저축) 제도가 시행되었다. 저축 기한이 최소 2년이었던 것으로 기억하는데, 재형저축을 같이 들자는 동료 간호사의 제안에 "아니, 나보고 2년이나 근무하라고? 저주를 해라, 저주를!" 하면서 거절했다. 그러나 웬걸! 말하기조차 민망스럽게도, 짧게 근무할 것 같던 내 예상을 뒤엎고 20년에서 겨우 2년 모자란 18년이란 긴 세월 동안 근무를 했다.

입사할 때 정신과에 근무하기를 원했으나 정작 배치된 곳은 수술실이었다. 환자가 마취된 상태이기 때문에 말을 주고받을 수 없는 수술실은 내가 꿈꾸던 간호 현장이 아니었기에 실망이 컸다. 그나마 졸업 동기 7명과 같이 배치된 것이 사회 초년생에게 크나큰 혜택이었다.

스피드와 정확성을 요하는 수술실은 원하는 부서는 아니었지만 순

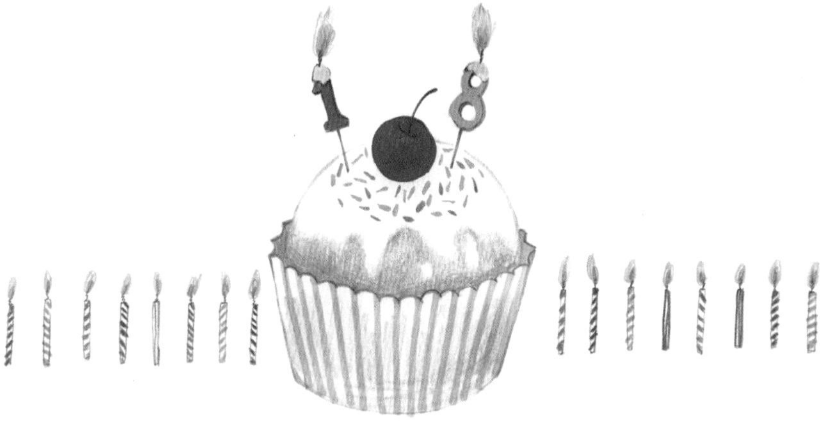

발력이 뛰어나서인지 수술실을 위해 태어난 것 같다(?)는 평까지 받을 정도로 적극적으로 또 재미있게 2년을 보냈다. 그러던 어느 날 간호부에서 희망 근무 병동을 적어내라는 방침이 내려왔다. 한창 수술실에 적응해 물이 오른 상태로 근무하고 있기는 했으나 정신과에 대한 미련을 버리지 못하고 있던 나에게는 절호의 찬스였다. 당장 신청 서류 1순위 칸에 정신과, 2순위 칸에 정신과, 3순위 칸에도 정신과를 썼다. 이런 나의 간절함이 전달되었는지 어느 날 오전 일반 외과 수술에 들어가 있는데 오후에 당장 정신과 병동으로 옮기라는 간호부 전달이 왔다. 수술실 선후배, 동료들 모두 뒤통수 맞았다며 섭섭해했지만 이미 인사이동이 확정된 후였다.

급작스런 근무지 이동에 어리둥절한 상태로 오후에 정신과 병동으로 갔다. 드디어 원하던 병동에서 근무하게 되어 기쁘기도 했지만, 한편으로는 익숙한 근무지를 떠나 괜한 고생을 사서 하는 게 아닌가 싶어 마음이 편하지 않았다. 정신과 병동에서는 병동대로, 생뚱맞게 수술실에서 신규도 아닌 경력자가 왔다며 썩 반기는 분위기가 아니었다. 제일 괴로운 것은 먼저 와서 근무하고 있던 후배들에게 오리엔테이션을 받아야 했던 것이다.

어리바리한 상태에서 시작한 정신과에서의 간호는 곧 익숙해졌고, 마치 물 만난 고기처럼 펄펄 날며 살았다. 간호사실 안에서 지내는 시간은 거의 없었다. 약 준비, 간호 기록, 인계 등 꼭 해야 할 업무를 하는 시간 외에는 대부분의 시간을 환자들과 어울려 지냈다. 근무하는 내내 환자들과 얘기 나누고, 노래 부르고, 탁구 치고……. 환자 옷 아닌 간호사 복장을 하고 있을 뿐 거의 입원비 안 내고 치료받는 환자였다.

정신과 근무를 시작한 지 1년이 조금 지난 어느 날이었다. 이번엔 갑자기, 오픈한 지 얼마 안 된 옆 병동의 수간호사로 가라는 것이었다. 축하받을 승진인 데도 내게는 청천벽력 같은 인사 명령이었다. 원하던 정신과에서 2년째 접어들면서 한창 재미 붙이고 일하고 있었기 때문이다. 게다가 환자들과 함께 지내는 일에 빠져 있느라 행정 업무에는 도통 관심이 없던 터였다.

얼떨떨한 상태에서 수간호사가 되어 실수도 많이 하고 울기도 많이 울었다. 체계적인 수간호사 교육이 없던 시절이라 아무런 오리엔테이션 없이 낯선 행정 업무를 처리하는 게 두려워 출근하는 것이 지옥 같았다. 하지만 세월이 약이라더니, 차츰 수간호사로서 이력이 붙었다. 수간호사로 근무한 지 십여 년이 지났을 때 친하게 지내던 의사 한 사람이 간호사실에서 같이 차를 마시다가 이런 얘기를 한 적이 있다.

"수간호사님, 절대 병동 수간호사로 끝내지 마시고 더 큰 물에서 큰 행정을 해보는 기회를 가지세요, 꼭!"

이느새 날이면 날마다 눈물 달고 살던 초짜 수간호사가 아닌 관록이 몸에 밴 수간호사가 되어 있었던 모양이다.

돌아보면 평간호사로서 1년, 수간호사로서 15년, 도합 16년의 세월을 정신과에서 지냈다. 요즘은 정신과에서 더 오랜 경력을 쌓고 있는 후배도 많아졌지만 그 당시만 해도 단일 과에서 그렇게 오래 근무하는 일은 드물었다.

그렇게 오래 근무할 수 있었던 것은 무엇보다 '정신 간호가 좋아서'였다. 학생 시절 여러 병동 실습 중에 정신과 실습은 내게 '딱'이었다. 정신과 환자들이 전혀 무섭지 않았다. 환자들의 증상도 다 그럴 수 있겠다 싶었다. 환자들과 조곤조곤 일대일로 대화 나누는 것도 잘 맞았고, 오락 요법을 비롯한 모든 치료 활동들이 재미있었다. 세월 가는 줄 모를 정도로 하루하루 즐겁게 지냈다. 그러다 보니 종종 엘리베이터에서 만나는 타 부서 직원들이 "아직도 정신과에 계세요?"라고 묻곤 했다. "아직 정신병이 안 나아서 퇴원을 못 했어요"라는 내 대답에 상대방은 당황할 수밖에!

또 다른 이유는 전공인 간호의 전문성에 대한 갈구와 바람 때문이었다. 내가 처음 병원 근무를 시작할 때만 해도 간호 현장은 '전천후' 상태였다. 피부과에서 근무하다가 내과에서도 근무하고, 성형외과에서 근무하기도 했다. 말이 좋아 전천후지, 다 할 수 있다는 것은 그 어느 것에도 전문가가 아니라는 말과 같다. 우리와 달리 날이 갈수록 점점 더 세분화되고 전문화되는 의학 분야가 부러웠다.

간호 분야도 전문화되어야 한다고 생각하고 뚝심 있게 정신 간호라는 한 우물만 팠다. 비록 나이가 든 상태에서 한 분야의 수간호사로만 지내는 것의 한계에 부딪히고, 설상가상으로 에너지가 소진되어 병원과 정신과 병동을 떠났지만 열정을 다 쏟았기 때문인지 미련이 남지 않았다.

묘한 것은 시간이 지나면 지날수록 정신 간호라는 한 우물을 판 것이 엄청난 자산이 된 것이다. 특히 사회가 점점 개인화되고 고립 경향이 심해지면서 정신 건강에 대한 관심이 높아지고 있다. 정신 건강, 스트레스 관리, 관계와 소통, 힐링 등 요즘 중요하다고 손꼽히는 주제들이 다 내 전공과 관련이 있다. 정신과에서의 경험을 잘 활용할 수 있고 동시에 우리 사회의 정신 건강 증진에 작은 힘이나마 보탤 수 있어서 흐뭇하다. 좋아하는 분야를 뚝심 있게 지켜온 세월이 자랑스럽고 뿌듯하다.

한 분야를 파고든 깊이 있는 간호는 간호사 개인에게도 좋은 점이 많다. 하지만 간호가 전문화되는 것의 가장 큰 가치는 무엇보다 간호를 받는 대상자들에게 숙련된 간호를 제공할 수 있다는 점이다. 사실 이것이 간호가 전문화되어야 할 핵심적인 필요성이다.

운전면허를 따기 위해 학교에서 가까운 운전면허 학원에 다니던 때의 일이다. 매일 같은 시간에 학원 차를 타다 보니 버스를 타면 눈인사 정도는 나누게 되는 얼굴이 하나둘씩 늘었다. 어느 날 아주머니 한 분이 "저 혹시 어느 과 교수님이세요?"라고 조심스럽게 물었다. 순간 나도 궁금증이 발동해 "왜요?"라고 반문했다. 아주머니는 호기심에 눈을 반짝이면서, 대답을 기다리는 다른 일행들을 돌아보며 설명했다.

"늘 K 대학 앞에서 타시니까 교수님이 틀림없을 것 같은데, 대체 무슨 과일까 우리끼리 내기를 했거든요."

그 말을 들으니 내가 더 궁금해서 "무슨 과라고 내기를 하셨나요?" 했더니 일행들이 각기 "간호과요", "유아교육과요"라며 다투어 말하는 게 아닌가.

"간호과 교수예요."

나의 대답에 일행 중 몇 사람이 "야호! 이겼다"를 외쳤고, 다른 두어 명은 실망한 기색이 역력했다. 사십 넘어서는 자기 얼굴에 책임을 져야 한다는 옛말처럼 어느덧 내 존재 자체에서 간호의 분위기가 풍겨나고 있구나 싶어 흐뭇했다.

이 세상에서 가장 행복한 사람은 자기가 좋아하는 일을 하고 사는 사람이다. 하지만 자기가 하고 있는 일을 좋아하는 것도 행복 비결이다. 수술실 간호를 좋아하지 않았지만 열심히, 재미있게 근무했다. 정신 간호는 내가 좋아하는 일이어서 세월 가는 줄 모를 정도로 신 나게 일했다.

사람이 살아생전 세 번은 직장을 바꿔볼 필요가 있다는 말이 있다. 어느덧 우리 사회에서도 평생직장 개념이 없어지고 있다. 한 우물을 파든, 세 번의 직장을 경험하든 후배 간호사들이 그만둘 땐 그만두더라도 세월이 오는지 가는지 모를 정도로 재미있게 생활했으면 좋겠다는 바람을 가지는 것은 요즘 세태에 맞지 않는 시대착오적 바람일까.

"제가요, S 대학교 병원에서 간호사로 18년 근무했어요, 18년!" 이라고 소개하며 강의를 시작한다. 내 말이 끝나자마자 강연장을 메우고 있던 서먹함이 확 사라진다. 교수니까 엄숙할 거라는 보편적인 예상이 '18년' 이라는 단어의 발음 때문에 뒤집어지면서 청중과 급속도로 친밀해진다. 아무리 생각해봐도 고마운 '진짜 18년!' 이다.

달인과

직업병

직업병 증세가 나타날 때마다 당황스럽기도 하지만 한편으로는 내 분야에서의 경륜을 나타내는 상징이라는 생각에 싫지만은 않다. 아니, 단순한 연륜을 넘어서 자기 일에 대한 깊은 애정 덕분에 생긴 사랑스럽고 자랑스러운 상징이라는 생각이 든다.

"저 위험한 칼이 왜 저렇게 나와 있지?"

병원 기숙사에서 지내다가 주말이 되어 집에 다니러 갔다. 안방에 들어서는데 방바닥에 놓여 있는 과도가 눈에 들어왔다. 순간 깜짝 놀라서 나도 모르게 과도를 집어 들고는 허둥지둥 다른 곳으로 치우려 했다. 그런 나의 행동에 식구들은 '정신과에서 근무하더니 드디어 이상해졌군' 하는 걱정스러운 표정으로 쳐다보았다.

맞다, 직업병이었다. 직업병의 사전적 의미는 '한 가지 직업에 오래 종사함으로써 그 직업의 특수한 조건에 의해 생기는 병'이다. 하지만 요즘은 굳이 병이 아니어도 직업의 특정 조건으로 인해 생기는 특이한 행동이나 습관까지 포함해 널리 사용하고 있다. 그러다 보니 거의 모든 분야에 걸쳐 각양각색의 직업병이 회자되고 있다. 연예인 직업병, 운동선수 직업병, 의사 직업병, 주부 직업병은 물론 대통령 직업병 등.

우리나라 직장인들이 가장 행복한 직업이라고 손꼽는 예술가들이 겪어야 하는 직업병 또한 만만찮다. 실제로 바이올린 연주자들은 날카로운 고음을 귀 가까이에서 자주 듣기 때문에 청각에 이상이 많단다. 물감을 늘 만져야 하는 미술가들은 물감에 들어 있는 중금속에 중독되기도 한단다.

직업병에서는 의사나 간호사 또한 예외가 아니다. 병원이라는 특수 조건에서 일하다 보니 그에 따른 특이한 행동이나 습관이 생길 수밖에 없다. 처음 병원에 입사해서 수술실에 배치되었다고 하자 엄마의 걱정이 태산 같았다. 딸이 매일 피를 보는 곳에서 일하게 되었으니 걱정이 되는 것은 당연했다. 그러나 보통 사람들이 상상하듯 수술실의 풍경은 그리 살벌하지 않다. 환자를 소독한 방포로 덮고 수술 부위만 내놓기 때문에 사람에게 칼을 대고 있다는 생각이 별로 들지 않았다. 오히려 근무 조건은 일반 병동보다 좋은 점이 많다. 병원에 갓 입사해 일반 병동에 배치받은 간호사들은 3교대 근무를 해야 하고 특히 밤 근무를 선임자들보다 상대적으로 많이 할 수밖에 없다. 이에 비해 수술실에서는 대부분의 수술이 낮에 이루어지는 덕분에 신규 간호사라 하더라도 낮 근무를 주로 한다. 게다가 수술에 관여하는 외과 계통엔 일반 외과를 비롯해 안과나 이비인후과 등 많은 종류가 있는데, 각 과의 특성에 따라 다양한 의사들의 양태를 관찰하는 재미도 쏠쏠했다.

수술실에서 근무할 때는 수술실과 관련된 직업병이 있었다. 수술실에서는 수술 부위의 멸균 상태를 유지하는 것이 무엇보다 중요하다. 그런데 지금의 건물이 들어서기 전에 있던 예전 건물은 일제 강점기 때 지은 건물이라 많이 낡아서, 여름에는 아주 드물긴 해도 파리가 날아다니는 불상사가 발생하기도 했다. 수술실에서 파리의 출몰은 비상사태 그 자체이므로 파리만 보면 눈에 불을 켜고 잡는 전쟁이 시작된다.

이런 행동은 집에서도 작동했다. 파리를 보면 기겁해서 잡느라 이리 뛰고 저리 뛰는 나를 보고, 그 까닭을 모르는 엄마는 "얘, 파리가 먹으면 얼마나 먹는다고 그렇게 질색을 하고 난리냐?"라며 혀를 끌끌 차셨다.

수술실에서 2년 가까이 근무하던 어느 날, 입사 때부터 근무하기를 희망하던 정신과 병동으로 옮기게 되었다. 기쁜 마음에 집에 가자마자 말씀드렸다.

"엄마, 수술실에서 다른 데로 옮기게 되었어요."

"어이구, 거 참 잘되었다. 그래, 이번에는 어디냐?"

엄마가 반색을 하며 물으셨다. 하지만 그 밝은 표정이 오래 가지 못했다.

"정신과 병동이에요."

내 말이 떨어지기가 무섭게 엄마의 얼굴에는 적잖은 실망과 걱정의 그림자가 드리웠다.

"아니, 기껏 옮긴다는 데가 정신과라고?"

그러더니 '위험하진 않냐?', '너도 정신병 옮으면 어떻게 하냐?' 등 걱정이 태산 같으셨다.

정신과에 근무한다고 하면 우리 엄마뿐 아니라 많은 사람이 한 번 더 쳐다본다. 그 이유는 여럿이겠지만 정신과 병동은 왠지 무섭다는 선입견과 정신병이 혹시 전염되지 않을까 하는 기우 때문일 것이다. 16년 가까이 정신과에서 근무한 내가 아직 말짱한 것을 보면 정신과 병동이라고 특별히 위험하거나 정신병이 전염되지는 않는 게 확실하다. 때로는 정신과 의사나 간호사를 보며 "정신과에서 일하는 사람들은 이상해. 날이 갈수록 이상해지는 것을 보면…… 혹시 정신병이 전염된 거 아냐?"라고 의심하기는 한다. 하지만 나날이 이상해지는 사람들이 어디 정신과에 오래 몸담고 있던 우리뿐이랴!

정신과에서 오래 근무하다 보니 몇 가지 직업병 증세가 생겼다. 예를 들어 출입문 앞에만 서면 흔들어 보게 된다. 혹시 열려 있지 않은지 확인하기 위한 행동이다. 또한 과도나 가위처럼 위험한 물건을 보면 치우려고 한다. 정신과 병동에서는 안전을 이유로 환자들이 과도를 소지하지 못하기 때문이다. 하여 사과나 배같이 껍질을 깎아 먹는 과일이 많이 나는 가을철에는 치료자들이 과일을 깎아 주느라고 엄청 바빴다. 그 시절 과일 깎는 기계가 우리의 로망 중 하나였다.

사람은 자신이 몸담고 있는 환경에서 자유로울 수 없다. 그렇기에 수술이 주 치료인 외과 의사와 약물 치료를 주로 하는 내과 의사는 풍기는 분위기를 비롯해 여러 면에서 사뭇 다르다. 그래서일까? 간호사들 모임에서도 정신과 간호사들은 서로 알아보고 끼리끼리 모인다. 아마 정신과라는 특수성 때문에 무언가 서로 끌리는 모양이다.

근무자들끼리 나누는 재미있는 이야기 중 다음과 같은 것이 있다. 환자를 실은 구급차가 요란하게 사이렌 소리를 내며 병원 정문을 통과할 때, 응급실 간호사의 귀에는 '이알, 이알응급실을 뜻하는 Emergency Room의 줄임말' 이라 들리고, 분만실 간호사의 귀에는 '시섹, 시섹제왕절개수술을 뜻하는 Caesarean section의 줄임말' 으로 들려서 각자 '아이쿠, 우리 환자가 들어오는구나' 라고 생각한단다. 이것도 직업병 때문에 나타나는 현상 아닐까?

병원에 있을 때는 병원 특성에 걸맞은 특정한 행동이 나타나더니, 학교로 옮긴 후로는 여지없이 선생과 관련된 직업병이 나타났다. 어디서나 선생 기질이 발휘되어 말할 때 대상이 누구든 자꾸 가르치려 든다. 전화로 중국집에 음식 주문하면서도 마지막에 나도 모르게 "제가 시킨 음식을 정리하자면요……"라고 얘기해서 옆에서 듣고 있던 가족들이 "허걱!" 하고 다 뒤로 넘어간 적도 있다.

이제는 정신 간호를 전공한 세월이 30년이 훌쩍 넘었다. 전공이 정신 간호라 하면 많은 사람이 "어이쿠, 내 속 다 들여다보겠네"라며 조금 긴장한다. 뭐 그런 직업병이 생겼다면 지금 이렇게 살고 있겠는가? 일찌감치 미아리에 자리 펴고 앉아 떼돈을 벌었지!

정신 간호 전공자의 한 사람으로서 요즘 세태에 대해 걱정이 많다. 사회가 개인화되면서 소외와 고립감이 심해지고 있다. 버스를 타도, 지하철을 타도 대부분의 사람들이 주위에 시선을 두지 않고 스마트폰에 얼굴을 파묻고 있다. 옆에서 폭탄을 터뜨린다고 해도 모를 지경이다. 명절 때 한자리에 모인 우리 후대들은 각자의 스마트폰에만 열중하기에 사촌 간에 말 한마디 섞지 않은 채 헤어지는 것이 현실이다. 부부가 침대에 누워 각자 다른 사람과 통화하느라 둘 사이의 대화는 저만큼 멀어지는 진풍경이 벌어진다. 바쁘게 사느라 모처럼 모인 식사 자리에서도 문자 확인하고 전화 통화하느라 가족 간의 대화는 제대로 이루어지지 않는다. 가장 가까워야 할 가족끼리의 소중한 시간이 침범당하는 현실에 살고 있다. 이런 사회 현상에 대해 남들보다 깊이 걱정하는 것도 다 직업병이다.

또한 점점 더 사회 이슈가 되어가고 있는 학교 폭력과 자살 등의 문제를 바라보고 있노라면, 문제가 발생했을 때 적절하게 조처하는 것도 중요하지만 평소에 정신 건강을 잘 유지해 문제가 생기지 않도록 예방하는 것이 더 중요하다는 생각을 떨쳐버릴 수가 없다.

정신 건강을 증진시키기 위해서는 '건강한 몸에 건전한 정신이 깃든다'는 그리스 속담처럼 체력을 강화하는 것도 하나의 방법이다. 체력이 강해지면 정신력도 강해지고 인내심도 커진다. 그러기 위해서 가장 기본이 되는 게 많이 걷는 것이다. 하지만 자가용과 마을버스가 일상이 된 요즘 아이들에게는 걸을 수 있는 기회가 걱정될 정도로 적다. 예전으로 치면 한두 정거장도 안 되는 등하굣길을 걷지 않고, 떼거지로 마을버스에 올라타는 아이들을 보고 있노라면 뜯어말리고 싶다. '많이 걸으면 몸이 건강해질 뿐만 아니라 집중력이 높아져 공부도 잘하게 될 텐데'라는 생각에 안타깝다. 이 또한 직업병이다.

이처럼 직업병 증세가 나타날 때마다 당황스럽기도 하지만 한편으로는 내 분야에서의 경륜을 나타내는 상징이라는 생각에 싫지만은 않다. 아니, 단순한 연륜을 넘어서 자기 일에 대한 깊은 애정 덕분에 생긴 사랑스럽고 자랑스러운 상징이라는 생각이 든다. 그렇기에 나의 이런 직업병이 자랑스럽다. 더 나아가 책무라고 생각한다.

'한 가지 직업에 오래 종사함으로써 그 직업의 특수한 조건에 의해 생기는 병'인 진짜 직업병은 적극적으로 예방하고 해결해야 한다. 하지만 직업의 특정 조건으로 인해 생긴 전문성을 지닌 유익한 직업병이라면, 직업병을 통해 오지랖 넓게 서로서로 도움을 준다면, 우리 사회가 더 살기 좋아지지 않을까?

___호신술과

_____미소

호신술로 정신과에서의 난폭한 행동에 대처할 수 있다면, 사회에 난무하고 있는 폭력에 대해 개인이 일조할 수 있는 방법이 하나 있다. 바로 미소다. 거울 뉴런 덕분에 다른 사람의 미소만 봐도 자신이 직접 미소 지을 때와 똑같은 작용이 일어난다니 열심히 미소를 짓자. 한 사람, 한 사람 미소 지을 때마다 폭력 발생률이 뚝뚝 떨어지는 소리가 들릴 것이라 믿는다.

"수간호사, 빨리 주사 준비해서 내 방으로 가지고 와줘요, 빨리!"

K 교수의 다급한 목소리가 전화기를 타고 들려왔다. 병동에서 근무 중이던 간호사 한 명과 재빨리 진정제 주사를 준비해 의국에 있는 K 교수 연구실 문을 열고 뛰어 들어갔다. 흥분된 얼굴을 한 남자가 K 교수의 멱살을 잡고 있고, K 교수는 그의 손목을 꽉 붙잡은 상황이었다. 잽싸게 내가 그 남자의 다리를 붙잡았고, 그 사이에 같이 간 간호사가 남자의 엉덩이에 주사를 놓았다. 남자가 다소 안정을 찾은 모습을 확인한 후 K 교수 연구실을 나왔다.

그 남자는 K 교수에게 오랫동안 치료를 받고 있던 환자였다. 복용하고 있던 정신과 약을 K 교수와 의논 없이 스스로 중단하더니, 자신을 실험 도구로 이용한다는 망상이 심해져 K 교수에게 난폭한 행동을 한 터였다. 병동으로 돌아오면서, 의사나 간호사가 환자에게 맞는 경우는 정신과밖에 없을 거라는 생각이 들어 마음이 울적했다.

정신과에서 근무하다 보면 환자의 질병과 증상 특성상 환자에게 얻어맞는 일이 불가피하다. 우리끼리는 '정신과에서의 별'을 단다고 빗대어 표현하곤 했다. 정신과 병동에 대해 일반인들이 갖는 두려움과 공포는 영화나 드라마 같은 대중 매체를 통해 난폭한 환자들의 모습을 접한 경험에 기인할 것이다.

정신과 환자들이 난폭한 행동을 보이는 이유는 무엇일까? 여러 요인이 있겠지만, 피해 내용의 망상이나 환청 때문인 경우가 많다. 특히 주위 사람이 자신을 해칠 거라는 망상이 있으면 자신을 보호하기 위해서 폭력을 사용한다. 혹은 환청이 시키는 대로 폭력적인 행동을 할 때도 있다.

한번은 오드리 헵번을 닮은 우아한 여자 환자가 입원했다. 상태가 많이 좋아져서 퇴원하게 되었을 때, 그녀는 미소 띤 얼굴로 미안해하면서 얘기했다.

"사실 처음 입원했을 때는 흰 가운을 입은 의사 선생님과 간호사 선생님들 모두 장의사로 보였어요. 그리고 '아, 저 사람들이 날 죽이려 하는구나' 라는 생각이 들어 너무 무서웠어요."

의사와 간호사가 장의사로 보였으니 환자로서는 치료자들과 가까워질 수가 없었다. 치료자들이 친절하게 대할수록 오히려 자신을 해치기 위해 그러는 것으로 생각했다. 환자로서는 무서워서 그런 자신의 생각을 표현할 수도 없었다고 한다.

때로는 치료자가 친절하게 내미는 손짓도 자신을 해치려는 위협으로 여겨 자신을 보호하기 위해 치료진을 선제공격하기도 한다. 환자가 피해 내용의 사고 장애를 가지고 있을 때는 지나치게 친근감을 표현하기보다는 약간의 거리를 두고 중립적인 태도로 대하는 것이 효과적이다.

심심찮게 일어나는 정신과에서의 난폭한 행동(폭력)이 있을 때마다 "우리 모두 호신술을 배웁시다"라는 얘기가 나오곤 한다. 실제로 미국에는 정신과 치료진들이 환자의 난폭한 행동에 효과적으로 방어하기 위해 호신술을 배우는 보수 교육 프로그램이 있다는 학술지 기사를 읽은 적이 있다. 요즘 남자 간호사들이 많아져서 정신과 병동에도 남자 간호사들이 늘고 있지만, 환자가 증상으로 인해 초능력적인 에너지$^{psychic energy}$를 발산하는 상태에서는 의사든 간호사든 남자라고 해서 환자의 난폭한 행동을 피할 뾰족한 수는 없다.

정신과 환자들은 증상 때문에 난폭한 행동을 보인다지만, 그렇지 않은 사람들이 살아가는 우리 주변에도 폭력 문제가 날로 심각해지고 있다. 통계에 따르면 우리나라 가정 폭력은 영국이나 일본보다 5배나 많다고 한다. 그뿐만 아니라 학교 폭력도 그 빈도나 정도에서 이미 위험 수위에 달했다는 우려가 높다. 우리가 초등학교 다니던 시절에도 때리는 애, 맞는 애가 있었다. 하지만 그때와 지금의 폭력은 그 양상이 사뭇 다르다. 예전에는 때리다가도 맞는 애가 너무 아파하면 더 이상 때리지 않았다. 하지만 요즘은 맞는 애가 죽을 지경에 이르러도 때리기를 멈추지 않는다고 한다. 거의 조폭 수준이다.

　이유야 다양하겠지만 사회 환경의 변화도 큰 몫을 하고 있다고 여겨진다. 불과 몇십 년 전만 하더라도 옆집 애가 저녁을 못 먹고 있으면 "아무개야, 숟갈 하나만 더 놓으면 되니 들어와 같이 밥 먹자"라고 부르는 이웃집이 적어도 다섯 군데는 되었다고 한다. 그래서 이웃사촌이라 했다. 하지만 요즘은 아파트가 대세를 이루고 핵가족으로 바뀌면서, 부모를 대신할 확대 가족이 사라졌다. 부모를 대체해 돌봐줄 이가 전무한 것이 우리 사회의 단면이다. 어려서부터 모성적 돌봄을 경험하지 못한 것과 폭력이 무슨 관계가 있을까?

　인간의 뇌에는 '거울 뉴런'이라는 것이 있다. 그래서 다른 사람의 행동을 보는 것만으로도, 내가 행동할 때 활성화되는 뇌의 특정 부분이 똑같이 활성화된다. 예를 들면 하품하는 사람을 보면 나도 모르게 하품을 따라 하게 된다. 때문에 한때 유행했던 TV 드라마 대사처럼 "아프냐? 나도 아프다"가 가능하다. 거울 뉴런이 있어서 모방이 가능하고, 모방을 통해 새로운 기술을 배울 수 있다.

거울 뉴런은 공감에도 중요한 역할을 하고, 이를 통해 마음 이론^{theory} $^{of\ mind}$도 가능해진다. 마음 이론이란 자신의 정신 상태 사고, 믿음, 의도 등을 기초로 타인의 정신 상태를 추론할 수 있는 인지 능력이다. 마음 이론이 잘 발달되어 있는 사람은 다른 사람의 마음 상태를 알아차리고 이해하는 공감 능력이 우수하다. 자신이 싫어하는 일은 남에게 하지 않는다든가, 자신이 대접받고자 하는 대로 남을 대접한다. 반면에 마음 이론이 덜 발달된 사람은 타인의 입장을 이해하기보다는 자신의 시각에서만 상황을 이해하기 때문에 다른 사람과의 관계에 어려움이 있다. 거울 뉴런이 활성화되어야 마음 이론이 발달하고 그 결과 공감도 잘하고 상대방의 처지를 잘 헤아릴 수 있다.

다행히 모방과 공감을 가능하게 하는 거울 뉴런은 후천적으로도 생기고 학습으로 활성화될 수 있다. 거울 뉴런을 활성화하기 위해서는 보고 배울 수 있는 역할 모델, 적절한 자극과 경험이 필요하다. 어렸을 때 사랑을 경험한 아이가 성인이 되어서 사랑을 베풀 확률이 높다는 얘기다.

반대로 어렸을 때 거울 뉴런이 잘 활성화되지 않으면 상대방의 마음을 읽는 능력이 부족해진다. 요즘 들어 폭력이 심해지는 이유 중 하나는, 가해자 아이들의 경우 부모는 물론 주위에서 사회적 모성을 경험할 기회가 없어 거울 뉴런이 발달하지 않기 때문이다. 그 결과 자신이 때리고 있는 상대 아이가 죽을 듯이 아파하는데도 그 고통을 공감할 수 없기에 계속 때린다.

최근 뇌 과학 분야에서는 자극을 어떻게 주느냐에 따라 뇌가 변한다는 뇌 가소성Neuroplasticity 이론을 발표했다. 즉 거울 뉴런은 주로 어릴 때 활성화되지만 그 이후에도 적절한 자극을 지속적으로 받으면 활성화될 수 있다. 좋은 친구, 좋은 책과 영화를 권유하는 이유가 그 때문이다.

따라서 폭력을 예방하기 위한 방법에는 얼굴에 미소를 띠는 것도 포함된다. 그 옛날 부처님께서는 재물이 아니어도 남에게 베풀 수 있는 무재칠시無財七施에 대해 가르치셨다. 그중에서 화안시和顏施란 얼굴에 화색을 띠고 부드럽고 정다운 얼굴로 남을 대하는 것이며, 안시眼施란 따뜻한 눈길로 사람을 보는 것이다. 미소와 따뜻한 눈길이 베풂이 된다니 얼마나 신 나는 일인가!

미소는 폭력 예방은 물론 자살 예방에도 효과가 있다. 자살 관련 연구에서, 자살을 시도했다가 살아난 사람들에게 "무엇이 있었으면 자살 시도를 하지 않았겠는가?"라고 물으니 자기가 죽으러 가고 있을 때 마주 오던 사람의 얼굴에서 미소를 보았더라면 자살 시도를 포기했을 것이라는 답변이 있었다고 한다.

이토록 미소가 여러 가지로 효과 만점이라는데, 실제로 우리 표정은 어떨까? 미국에 갔을 때 교민에게 다음과 같은 우스갯소리를 들은 적이 있다. 미국인들이 하는 말이 우리나라, 중국, 일본 남자 셋이 걸어오면 중국 남자와 일본 남자는 못 집어내도 우리나라 남자는 알아맞힐 수 있다고 한단다. 그만큼 우리 표정이 딱딱하다 못해 싸우는 사람 같다는 얘기다.

언제 시간을 내, 길을 걸어가면서 마주 오는 사람들의 표정을 한번 살펴보라. 그리고 때때로 지금 자신의 표정이 어떠할지 관심을 가져보라. 우리 모두 쌈순이, 쌈돌이 같은 사나운 얼굴을 하고 있지는 않은지 혹은 무표정하지는 않은지…….

호신술로 정신과에서의 난폭한 행동에 대처할 수 있다면, 사회에 난무하고 있는 폭력에 대해 개인이 일조할 수 있는 방법이 하나 있다. 바로 미소다. 거울 뉴런 덕분에 다른 사람의 미소만 봐도 자신이 직접 미소지을 때와 똑같은 작용이 일어난다니 열심히 미소를 짓자. 한 사람 한 사람 미소 지을 때마다 폭력 발생률이 뚝뚝 떨어지는 소리가 들릴 것이라 믿는다.

_____인사하면

_____굶지

_____않는다

인사는 상대에 대한 존중이다. 사람을 만났을 때 인사가 생략되면 왠지
기분이 꺼림칙한 이유가 그 때문이다. 인사도 습관이다. 습관은 하루아
침에 생기지 않는다. 몸 근육, 마음 근육과 마찬가지로 인사 근육도 자
꾸 써야 단단해진다.

환자에게 질 높은 간호를 제공하는 것 다음으로 중요하게 여긴 것은 간호사끼리의 화합이었다. 왜냐면 눈 뜨고 있는 대부분의 시간을 보내는 곳이 직장이기 때문에 직장 생활이 재미있어야 하고, 그러기 위해선 화목한 인간관계가 가장 중요하다고 믿었기 때문이다.

　게다가 나는 천성이 그래서인지 사람을 무척 좋아한다. 하고 싶었던 일도 마음이 잘 안 맞는 사람과 함께하면 진도가 안 나가고, 반면에 할 일이 넘쳐나도 마음 맞는 사람과 함께하면 신 나서 한다. 친구 따라 강남 아니라 지옥까지도 같이 갈 판이다. 그러니 다른 사람이 아닌 바로 나 자신을 위해서라도 내가 몸담고 있는 직장 분위기를 어디보다 좋게 만들고 싶었다.

　간호사들의 화합을 위해 병동 간호사끼리 지키자고 정해 놓은 몇 가지 불문율이 있었다. 처음 입사한 신규 간호사는 첫 월급을 타면 병동의 선임자들에게 음료든 케이크든 감사 인사를 하도록 했다. 첫 달 월급은 자신이 잘해서 받은 게 아니라 선임 간호사들의 도움이 있었기에 가능한 일이기 때문이다. 물론 앞으로도 계속 예쁘게 봐달라는 의미도 있다.

　대신 선임 간호사들은 신규 간호사가 첫 월급을 타기 전에 커피나 밥을 한 번 사줘야 한다. 처음 입사해 긴장한 탓에 다른 사람 말이 잘 들리지도 않고 어리바리 그 자체로 지내는 게 얼마나 힘들까, 배려하는 차원에서다. 그러니 이미 안정된 상태에서 근무하는 선임 간호사가 근무 시간 외에 시간을 내서 따뜻한 격려 한마디 해주라는 뜻이다. 사실 신규 간호사가 잘 적응해야 선임 간호사도 덜 힘들다. 간호사가 한 명 사직하면 남은 간호사들은 곱절로 힘들다. 그래서 사직은 사직을 부른다. 사직은 전염력이 강하다. 악순환이다.

　요즘에야 연월차 휴가 사용을 권장하는 추세라 휴가를 일 년에도 며칠씩 여러 차례 받지만 예전에는 특별 휴가라 해서 통상적으로 일 년에 한 번 받았다. 휴가 갔다 온 간호사는 휴가 턱을 내게 되어 있었다. 자신이 없는 동안 다른 간호사들이 자신의 몫까지 수고한 것에 대한 고마움의 표현이다.

그래서 울릉도로 휴가 다녀온 간호사 덕분에 신선한 울릉도 오징어를 먹기도 했다. 한턱내서 기분 좋고, 한턱 얻어먹어서 기분 좋고! 자세히 들여다보면 돈 내고 돈 먹기처럼 결국 자기 돈 내고 자기가 먹는 셈이지만, 같은 돈으로 병동 간호사 수만큼 여러 번 기분 좋을 수 있는, 훌륭한 화합 작전이었던 셈이다.

거기다가 결혼을 앞둔 간호사는 결혼식 전에 동료인 우리에게 신랑감을 선보였다. 신랑은 신붓감의 직장 동료인 우리에게 저녁 한 끼 대접한다. 이 자리는 상호 인사는 물론이고, 간호사 직업을 가진 아내와의 '행복한 결혼 생활을 위한 남편의 자세와 역할'에 대해 자연스럽게 오리엔테이션을 시켜주는 중요한 자리였다. 만일 "간호사 남편은 이러이러해야 한다"라는 얘기를 신부 당사자가 하면 신랑은 '아내가 초반부터 기선을 잡으려 하는 것 아닌가?' 하는 생각이 들어 자칫 방어적이 되기 쉽다. 그러나 결혼 생활의 한참 선배격인 수간호사나 선배 간호사들의 경험을 얘기하니 술술 잘 먹힌다.

3교대라는 근무 특성에 대해, 특히 밤 근무를 하고 아침에 퇴근하는 게 어떤 것인지, 그래서 간호사의 배우자는 어떻게 하면 좋은지 따끈따끈하게 교육시키는 좋은 기회가 된다. 그 시절 결혼 전에 인사를 나누었던 간호사들의 남편은 지금도 자기 아내가 예전 수간호사였던 나를 만나러 간다면 언제나 쾌히 승낙할 뿐만 아니라, 수간호사님(!)에게 안부 꼭 전하고 잘 놀다 오라고 얘기한단다.

식사 대접을 잘 받은 우리는 돈을 모아 축의금을 전달하는 외에도 어색할(?!) 첫날밤에 둘이 분위기 잡으며 마시라고 샴페인을 한 병 곱게 포장해 선물했다. 지금이야 포도주가 사방에 널려 있지만 20~30년 전만 해도 샴페인마저 구하기 쉽지 않았다. 지금 생각해도 무척 센스 있는 전략이었다.

새댁이 된 간호사는 신혼살림이 정리되는 대로 집들이를 했다. 신혼 집들이 외에도 이사 집들이는 물론 아기 백일이나 돌잔치에도 병동 식구들을 꼭 초대했다. 이렇듯 일하는 동안 직장 동료의 집을 방문할 기회가 많았고, 동료가 사는 모습도 자연스럽게 들여다보면서 서로 더 잘 알 수 있었기에 모두가 친밀한 분위기에서 화기애애하게 일할 수 있었다고 생각한다.

수간호사를 하면서 병동 간호사들의 화합을 위해 위에서 소개한 몇 가지 방법을 나름 뚝심 있게 고수했다. 이제 와서 돌아보니 그 방법들의 기본 철학은 바로 '인사하기'였다.

사실 병원에서 근무할 때는 인사에 한이 맺혀 있었다. 의사들과의 관계에서 가장 원초적인 걸림돌이 바로 인사였다. 우리 간호사들은 7시부터 간호가 시작되고 의사들은 대략 9시까지 병동으로 들어온다. 보통은 이미 일을 시작하고 있던 간호사들이 병동으로 들어오는 의사에게 먼저 인사를 건네는 편이다. 그런데 간혹 다른 일을 처리하느라 간호사가 미처 인사를 하지 못하는 경우도 있다. 그럴 때 먼저 인사를 건네는 의사는 가물에 콩 나듯 드물었다. 아침 인사 나눌 기회를 놓치면 인사 한마디 없이 하루를 보내게 되니 서로 간의 분위기가 얼마나 빡빡할지는 안 봐도 비디오다. 사실 그 당시엔 몰랐다, 내가 얼마나 삭막한 분위기에서 근무하고 있는지…….

그러다가 우연한 기회에 호주에서 열리는 국제정신간호학회에 참석하기 위해 호주와 뉴질랜드를 다녀오게 되었다. 지금이야 호주에도 이민자들이 늘어 길거리에 오가는 사람들이 많고 동양인도 많지만, 1990년대만 해도 거리가 한산했고 동양인은 특히 드물었다.

멜버른과 시드니 거리를 걸을 때였다. 마주오던 외국인들이 눈을 마주칠 때마다 하나같이 "하이!" 또는 "헬로!" 하고 가벼운 인사를 건넸고 아니면 적어도 미소를 지었다. 충격이었다. 인사를 받을 때마다 깜짝깜짝 놀랐다.

동시에, 떠나오기 전 치료자 회의에서 얘기했기 때문에 분명 수간호사인 내가 외국에 다녀온다는 사실을 알고 있었을 텐데도 열 명에 가까운 의사 중 어느 누구도 잘 다녀오라는 인사 한마디 건네지 않았다는 사실이 떠올랐다. 생전 처음 만나는 낯선 외국인이 그저 거리에서 마주쳤다는 이유만으로 웃으며 인사하는데, 환자를 치료하고 간호하는 동일한 목적을 지니고 같은 공간에서 지내는 이들과는 한마디 인사도 없이 하루 여덟 시간 이상을 보내고 있는 나의 근무 현실이 얼마나 빽빽한지 그제야 뼈저리게 느꼈다. 그때 깨달았다. '아, 꼭 이렇게 삭막하게 살지 않을 수도 있구나' 하는 것을.

뉴질랜드에서도 마찬가지였다. 심지어 숙소 계단에서 수영 팬티 차림으로 내려오던 남자가 자신의 옷차림에는 아랑곳하지 않고 몇 번을 마주치든 여지없이 "굿 모닝", "굿 이브닝" 인사를 건넸다. 10여 년 만에 다녀온 외국에서 커다란 충격을 받고 돌아왔다. 그리고 이 충격은 결국 2년 후 병원을 그만두는 계기가 되었다.

그럼 왜 인사가 사직의 씨앗이 될 정도로 중요한 것이었을까? 이에 대한 대답은 '야신(야구의 신)'이라는 별명을 가진 김성근 감독의 말에 잘 나타나 있다.

"인사하지 않는다는 것은 상대에 대한 존중이 없다는 것이고, 존중이 없다는 것은 겸손이 없는 것이고, 겸손이 없으면 오만하다는 뜻이다. 오만은 자신의 실력을 제대로 모르고 있다는 것이다. 이런 선수들로는 승부 세계에서 살아남을 수 없다. 그래서 제일 먼저 가르친 게 인사하는 것이었다.”

그렇다! 인사는 상대에 대한 존중이다. 사람을 만났을 때 인사가 생략되면 왠지 기분이 꺼림칙한 이유가 그 때문이다.

병원을 떠나 학교에서 근무하게 된 이후 가장 크게 변한 삶의 철학이 '먼저 인사하자'였다. 계기가 좋았다. 새 근무지에서 새롭게 만나는 사람들과 인사하기가 수월했다. 그리고 무엇보다 인사 나누는 세상에서 살고 싶었다. 그래서 바꿨다, '상대가 하든 안 하든 내가 먼저 인사한다'로. 훨씬 깔끔하고 개운했다. 저쪽의 눈치를 살피지 않으니 정신적 에너지도 덜 소비되었다.

요즘 학생들에게도 간호는 아픈 사람만 돌보는 게 아니라 옆에 있는 친구부터 살피는 데서 시작하는 것임을 강조하며, 아침에 강의실에 들어서면서 친구들끼리 꼭 인사를 하도록 권유한다. 왜냐면 인사는 사회생활의 가장 기본이기에……

나 역시 인사를 실생활에서 열심히 실천하고 있다. 택시를 타면 기사에게, 음식점에서는 서빙하는 사람에게 늘 "감사합니다"라고 인사한다. 인사했다고 택시비를 깎아주거나 음식을 더 갖다 주지는 않지만, 감사를 인사로 표현하는 순간 내가 있는 공간이 따뜻해지는 것을 느낄 수 있다.

인사도 습관이다. 습관은 하루아침에 생기지 않는다. 몸 근육, 마음 근육과 마찬가지로 인사 근육도 자꾸 써야 단단해진다. 오늘도 혼자서 친정집 가훈을 속으로 되뇐다.

"공부 잘하는 놈은 굶어도 인사 잘하는 놈은 굶지 않는다."

묻지 않는

당신은

바보

질문에는 마술 같은 힘이 있다. 그러나 묻고 배우는 데는 용기가 필요
하다. 왜냐면 모른다는 사실을 다른 사람에게 드러내야 하는데, 이것이
때로 죽는 것만큼 힘들게 여겨지기 때문이다.

"묻는 사람은 5분 동안 바보가 되지만, 묻지 않는 사람은 영원히 바보가 된다"라는 중국 속담을 듣는 순간, 병원 근무 시절, 묻지 않았기에 '5분 바보' 대신 '영원한 바보'가 되었던 사건이 떠오르며 고개가 절로 끄덕여졌다.

갓 결혼한 간호사가 신혼 집들이를 했다. 친정이 인천이었고, 친정집에 신혼살림을 차렸기에 근무가 끝나자 모두 인천으로 초대받아 갔다. 늘 옷차림이 검소했던 간호사였는데 집들이에 가보니 친정집이 꽤 컸다. 윤택해 보이는 살림살이에 걸맞게 잡채, 불고기 등 그야말로 상다리가 부러질 정도로 음식이 한 상 그득 차려 나왔다.

한참 먹다 보니 상 군데군데 초고추장이 놓여 있는 게 눈에 들어왔다. 그런데 아무리 상을 훑어봐도 초고추장을 찍어 먹을 음식은 눈에 띄지 않았다. 주인공 간호사는 음식 시중을 드느라 분주하게 왔다 갔다 하고 있었다. 우리끼리 서로 얼굴을 쳐다보며 작은 목소리로 "왜 초고추장이 있는 것일까?" 하고 서로 물었다.

'설마 회?'

그러나 아무도 혹시 회가 있는 거 아니냐고 집주인에게 묻지 못했다. 다른 반찬만으로도 훌륭한데 손님들이 너무 음식을 밝히는 것 같아 보일까봐서. 집들이가 끝나자 다들 궁금증을 마음 한구석에 접어놓은 채 집으로 돌아갔다.

다음 날, 집들이를 한 간호사가 후유증 때문인지 다소 피곤한 표정으로 저녁 근무를 위해 막 간호사실로 들어섰다. 동료 간호사들이 집들이 인사말을 쏟아놓았다.

"어제 저녁에 차린 음식 가짓수가 너무 많아 젓가락이 상 위에서 방황했어."

"저녁 먹는 내내 신랑 입이 귀에 걸렸던데!"

그런데 집들이를 한 당사자의 얼굴 표정이 좀 묘했다. 인계가 끝나고 다시 집들이 얘기로 돌아가자 집들이를 한 간호사가 복잡한 표정으로 미적미적 입을 열었다.

"사실은 어제 저녁, 회를 신선하게 한다고 냉장고에 넣어놓고는 까먹고 안 내놓은 거 있죠."

아뿔싸! 그랬구나. 그 말을 듣는 순간 신선한 회가 눈앞에 어른거렸다. 그렇다고 집들이를 다시 하자 그럴 수도 없고…….

그런데 그다음 말이 더 압권이었다. 우리가 다 간 다음에 냉장고 안에 얌전히 들어앉아 있는 회를 발견한 친정어머니가 한 말씀 하셨다는 것이다.

"너랑 같이 일하는 간호사들 다 바보 아니니? 그렇지 않고서야 어째서 초고추장이 있는지, 혹시 회가 있는 거 아닌지 물어보는 이가 한 명도 없니?"

궁금한 것을 참고 묻지 않는 바람에 좋아하는 회를 못 먹어서 속상한 것도 모자라 졸지에 바보 동료들이 되어버렸다.

질문을 잘 하지 않는 것은 비단 우리만이 아니다. 환자들이 의료진에게 자신의 치료와 관련해 궁금한 점을 질문하는 일은 더더욱 드물다. 그러기에 외래 진료에서 있었던 다음과 같은 일은 환자가 얼마나 질문하기를 두려워하는지 잘 나타낸다.

병원에서는 일회용 물품을 많이 사용한다. 하루는 외래에서 의사가 시술이 끝난 후 환자 가슴에 붙였던 일회용 패치를 떼다가 무슨 일인지 하나를 환자 가슴에 남겼다. 떼어버렸어야 하는데 모르고 남긴 것이었다. 환자는 의아하기는 했으나 차마 물어보지 못했다. 의사는 한 달 후다시 오라는 말을 하고는 다음 환자를 불렀다. 집에 돌아온 환자는 몸에남긴 패치가 자신의 건강에 어떤 영향을 줄지 모른다고 생각한 나머지한 달 동안 목욕도 부분부분 겨우 해가면서 패치를 신줏단지 모시듯 조심했다.

드디어 환자는 다음 달 예약 날짜에 외래로 갔다. 그런데 의사가 환자의 가슴에 붙어 있는 패치를 보더니 얼굴을 살짝 찡그리면서 "아니, 이것을 왜 여태까지 붙이고 계세요?" 하고 확 떼어서 쓰레기통에 던지는 것이 아닌가! 순간 환자는 할 말을 잃었고 무참한 기분이 되었다.

독일 시인 라이너 마리아 릴케의 "우리 삶 자체가 질문하는 것"이라는 말이나 알베르트 아인슈타인의 "중요한 것은 질문을 멈추지 않는 것이다"라는 말에서 엿볼 수 있듯이 질문은 중요하다. 실제로 인류 역사의 한 획을 긋는 모든 사건에는 중요한 질문이 있었다. 한마디로, 위대한 결과는 위대한 질문에서 비롯되었다고 볼 수 있다.

우리 같은 보통내기들이야 역사를 획기적으로 바꾸는 뜻밖의 질문은 못한다 치자. 하지만 질문하지 않으면 영원히 바보가 되는데도 왜 질문하지 않는 것일까?

초고추장 사건에서 "혹시 회가 있는 거 아니냐"라고 묻지 않은 이유는 간단하다. 체면 때문이었다. 먹는 것을 밝히는 사람이 아니라 먹는 것에 집착하지 않는 괜찮은 사람good person으로 보이고 싶었던 것이다.

또한 사람들은 자신의 부족함이나 무지가 드러날까 봐 두려워서 질문하지 않는다. '차라리 가만히 있으면 중간이라도 간다'는, 우리 생활에 만연해 있는 보편적 믿음 때문이다. 허점이 드러나는 것을 극구 피하려는 인간의 본성 때문이다. 운전할 때 남자들이 길 안 물어보는 이유도 마찬가지다. 그래서 '성경에서, 애굽(오늘날 이집트)을 탈출한 이스라엘 백성이 단 일주일이면 갈 수 있는 가나안 땅으로 들어가는 데 무려 40년이나 걸린 이유는? 답은 바로 지도자인 모세가 남자라 길을 묻지 않아서!'라는 난센스 퀴즈가 나왔을 것이다.

또한 패치 사건에서 환자가 묻지 못한 이유는, 자신이 상황을 잘 이해하지 못하고 있는 것이라는 불안감 때문으로 여겨진다. 아니면 감히 환자로서 의사의 권위에 도전하는 것처럼 느껴져 묻기를 겁냈기 때문일 수 있다. 사람들은 권위를 가진 사람 앞에서는 주눅 들어 그의 말을 그냥 인정해버리고 질문을 하지 않는 것이 보통이다.

그런가 하면 자신이 다 안다고 여기면 당연히 묻지 않는다. 하지만 아무리 한 분야의 전문가나 달인이라 할지라도 어찌 세상 모든 지식과 이치를 다 알 수 있을까?

고대 그리스 델포이의 아폴론 신전神殿 현관 기둥에는 '사람들은 자신이 모르고 있다는 사실을 모른다', '너 자신을 알라'는 말이 써 있다고 한다. 이 경구가 소크라테스 철학의 기반이 되었고, 오늘날 소크라테스의 말로 널리 회자되고 있다.

'다 안다고 생각하는 사람'과 자신이 '모른다는 것을 아는 사람' 사이에는 근본적인 차이가 있다. 자신이 다 안다고 생각하는 사람은 배우려 하지 않으며 따라서 질문하지 않는다. 반면에 자신이 모른다는 것을 아는 사람은 배우려 하고 그 결과 질문한다.

이처럼 모르는 것을 배울 수 있는 가장 좋은 방법은 질문이다. 그래서 옛 선인들이 "학문이란 모르는 것이 있을 때 지나가는 사람이라도 붙들고 그에게 물어보는 것이다"라고 하지 않았겠는가?

하지만 '묻기를 두려워하는 것은 곧 배우기를 두려워하는 것이다'라는 네덜란드 속담에서 엿볼 수 있듯이 대부분의 사람들은 묻기를 두려워한다. 때문에 불행하게도 이는 배우지 못하는 결과를 초래한다.

질문에는 마술 같은 힘이 있다. 그러나 묻고 배우는 데는 용기가 필요하다. 왜냐면 모른다는 사실을 다른 사람에게 드러내야 하는데, 이것이 때로 죽는 것만큼 힘들게 여겨지기 때문이다. 한 가지 고무적인 사실은, 우리의 그릇된 오해와 달리 대부분의 사람은 모르는 것을 질문하는 사람, 배우려는 사람을 존경한다는 것이다.

요즘도 체면 때문에 혹은 살짝 귀찮은 생각에 질문하기를 회피하고 싶을 때가 왕왕 있다. 그럴 때면 언제나 초고추장 사건을 떠올린다. 그리고 씩씩하게 묻는다. 그러면 묻는 순간 눈앞이 환해진다, 필요한 답을 듣게 되어서!

"질문이 없으면 답도 없다!"

묻기와 배우기는 긴밀한 관계에 있는데, 배우는 길은 딱 한 가지, 질문하는 것이다.

황제펭귄에게___

허들링_____

배우기_____

후배 간호사들이 부디 황제펭귄에게 '허들링'을 배웠으면 좋겠다. 추위 속에서 서로 밀착해 커다란 원을 만들어 혹독한 추위를 견뎌내고 종족 보존까지 훌륭히 해내는 황제펭귄처럼 지낼 수 있으면 좋겠다. 아니, 우리 모두 일상생활에서 황제펭귄처럼 서로 배려하는 상생의 비결로 힘겨운 인생살이를 즐겁게 해나갈 수 있다면 얼마나 좋을까?

요즘도 전국적으로 간호학과 입시율은
고공 행진을 계속하고 있다. 청년 실업률이 사회 이슈가 되고 있는 상황
에 유독 간호사 취업은 잘되기 때문이다. 그러나 취업이 쉬운 반면 입사
한 지 1년 이내에 사직하는 신규 간호사들의 이직률 또한 줄지 않고 있다.

보편적으로 각 가정에 자녀가 한둘씩만 있어 공주 아니면 왕자로 자
란 신세대들이 때때로 막일이나 험한 일을 해야 하는 병원 현장에서 견
뎌내기가 녹록하지 않은 게 주된 이유인 듯하다.

내게 병원에서의 간호를 한마디로 정의하라면 망설이지 않고 대답
할 수 있다.

"외줄 타기 서커스."

딱 그거였다. 자칫 한 발만 잘못 내디디면 밑으로 떨어지는 외줄 타기였다. 몇십 년 동안 환자한테 약 주는 일을 잘했다고 공로상을 받는 간호사는 없다. 하지만 몇십 년 무사고 간호 경력을 지녔어도 단 한 번 투약 실수가 있으면 당장 사건 보고서, 심하면 시말서를 써야 한다. 사람의 생명을 다루는 직업의 특성 때문이다. 실수 없이 간호하는 것은 기본이요, 남들은 일생에 한 번 경험할까 말까 한 일들을 밥 먹듯이 경험한다. 임종 환자, 수술, 얼마 살지 못한다는 진단을 받고 괴로워하는 이들 곁을 지키는 일 등, 이제 막 대학을 졸업한 이십 대 젊은 간호사들이 겪어내기엔 너무 버겁다.

내게 18년의 '외줄 타기 서커스'로 비유되는 병원 생활을 잘할 수 있었던 가장 큰 요인을 꼽으라면 단연코 '끈끈한 인간관계'다. 1970년대 말이라 낭만이 많이 살아있을 때였다. 수술실 근무 시절 선후배끼리의 야유회, 결혼한 선배들 집들이 같은 모임은 힘든 근무를 가뿐하게 해주고, 계속 근무할 수 있게 해주는 커다란 원동력이 되었다. 낙엽송이 황금빛으로 물든 광릉 숲에서 1박을 하며 많은 얘기를 나누던 가을밤, 제주도 여행에서 올라오는 바람에 점퍼를 입은 채 중창단 멤버로 축가를 불렀던 선배 결혼식……. 모두 잊지 못할 추억이다.

정신과 병동에선 더 깊은 인연을 엮었다. 늘 눈을 착 내리깐 채 말수가 적었지만 간호에 대한 열정만큼은 누구도 따라갈 수 없었던 선배 수간호사님, 커다란 바위처럼, 때로는 너른 호수처럼 늘 옆에서 간호의 중심을 잡아주신 선배 상사들, 간호의 발전을 위해서라며 들들들 달달달 볶아대는 수간호사를 참아가며 묵묵히 그러나 열정적으로 간호를 수행하던 간호사들, 기숙사 앞에서 밤이 깊어가는 줄도 모르고 간호에 대해 열띤 토론을 벌이며 같이 울고 웃던 동료들……. 모두 잊을 수 없는 간호 여정의 동반자들이다.

진정한 친구는 고등학교로 마감된다고들 한다. 하지만 남들과 공유하기 힘든 독특한 특성이 많은 직업이다 보니, 대학 다닐 때도 그렇고 직장 생활하면서도 돈독한 인간관계를 맺을 수 있는 게 간호 분야다. 외부와 철저히 격리되어 있는 특수한 공간인 수술실에서 급박하게 돌아가는 일들은 수술실에 있어본 사람끼리만 공유할 수 있다. 정신과에서 환자에게 맞았을 때의 처참한 기분은 맞아본 사람만이 안다.

언젠가 조증 남자 환자한테 정통으로 얼굴을 맞은 적이 있다. 머리로는 환자한테 맞은 거니까 울지 말아야 한다고 생각했지만, 생각과는 달리 맞은 순간부터 눈물이 쏟아졌다. 간호사들의 격려, 환자 주치의의 사과, 간호과장님의 위로에도 하염없이 눈물이 흘렀다. 수간호사 체면에 환자한테 맞았다고 조퇴할 수도 없고…… 병동에서 가장 외진 치료실 작은 방에서 하루 종일 울었다.

퇴근해 집에 왔는데 너무 울어서 눈은 퉁퉁 붓고, 맞은 얼굴 부위는 점점 벌겋게 부어올랐다. 마침 결혼하고 얼마 안 된 신혼 때였다. 얼굴을 본 남편의 두 눈이 휘둥그레졌다. 웬일이냐고 묻는 말에 다시 눈물을 쏟으면서 설명하기 시작했다. 이럴 땐 '척 하면 삼천리'라고, 굳이 말로 설명 안 해도 사태를 금방 알아채고 공감해주고 위로해줘야 제맛인데, 남편은 정신과에 대해 전혀 모르니 설명이 길어질 수밖에 없었다. 때린 환자의 병명과 증세만 설명하는 데도 시간이 엄청 걸렸다. 사건의 디테일을 설명하다 보니 짜증이 났고 정작 환자에게 맞았을 때의 광경에 대해선 시작도 못한 채 설명을 포기했다.

그날 이후로 확실히 깨달았다. 병동에서 일어난 일 때문에 생긴 어려움을 나누는 데는 사랑하는 남편보다 같은 경험을 공유하는 직장 동료가 훨씬 낫다는 것을.

이렇듯 업무의 특성 때문에 '한 번 동료, 영원한 동료'가 가능하다. 하루는 간호사들과 모여 앉아 유난히 인간관계가 중요한 간호 현장에서의 상황을 우리끼리 사자성어(?)로 만들어보았다. 유시상위有時相慰. 풀이하면 "있을 때 잘하자"다.

다른 직종들도 동료의 도움 없이 독자적으로 업무를 하는 것이 불가능하겠지만, 병원 간호 현장은 3교대로 돌아가는 철저한 팀워크 체제다. 아무리 내가 빈틈없이 잘해도, 이전 근무자가 허술하게 한 부분이 있으면 내 근무에서 펑크가 난다. 또한 수간호사가 아무리 훌륭한 간호 철학과 좋은 간호 방법을 추구한다 해도 환자를 직접 돌보는 간호사들이 따라주지 않으면 말짱 도루묵이다.

간호는 사람의 목숨을 다루는 직종이기 때문에 업무 수행에 따른 스트레스가 높다. 게다가 간호사는 최근 사회적으로 관심이 높아지고 있는 감정 노동자 그룹에 속한다. 감정 노동emotional labor이란 용어는 사회학자인 앨리 러셀 혹실드Arlie Russel l Hochschild가 최초로 개념화했는데, 감정 관리 활동이 직무의 40퍼센트 이상을 차지하는 경우를 일컫는다. 통계청의 직종별 이직률에 따르면 2011년 감정 노동자의 이직률은 사무직의 두 배가 넘는다. 이 수치는 감정 노동이 얼마나 고된지를 방증한다. 자신이 느끼는 감정과 무관하게, 자신의 직무에 맞게 정형화된 행위를 해야 하는 감정 노동은 감정적 부조화를 초래하며 심한 스트레스를 유발한다. 이를 적절하게 해소하지 못할 경우 좌절, 분노, 적대감 등 정신적 스트레스와 우울증으로 이어진다.

실제로 간호사는 다양한 의료 직종 중 환자나 보호자들을 직접 상대해야 하는 시간이 가장 많다. 따라서 특별한 친절을 요구받을 수밖에 없다. 하지만 친절하기만 해서는 좋은 간호를 할 수 없다는 게 문제다. 친절과 동시에 실력과 전문성을 겸비해야 한다. 때문에 쉽게 지치고 소진되기도 쉽다.

이렇듯 몇 배로 힘든 직장 생활을 해야 하는 간호사들에게 힘을 주는 것은 동료들의 지지와 격려다. 수간호사와 간호 행정가들은 간호사들의 울타리가 되어주고, 간호사들은 수간호사와 행정가들에게 감사의 마음을 표현한다면 서로에게 튼튼한 버팀목이 될 것이다.

무리 지어 사는 동물 중 혹독한 자연환경 속에서 서로서로 의지해 생존하는 대표적인 동물로 남극에 사는 황제펭귄을 들 수 있다. 암컷들이 새로 태어날 새끼에게 먹일 생선을 잡으러 바다로 나간 사이 수컷들은 자신의 발에 있는 주머니에 알을 넣고 부화시키는 데 온 힘을 다한다. 이때 영하 50도나 되는 혹한 속에서 혼자서는 알을 지킬 수 없기에 수천 마리의 수컷 펭귄들은 서로 몸을 밀착해 한 덩어리를 이루어 알을 지킨다. 일명 '허들링'이다. 무리 지어 커다란 원을 겹겹이 만들어 천천히 돌다가, 바깥쪽에 있던 수컷들의 체온이 떨어지고 지치면 안쪽에 있던 수컷들과 자리를 바꾼다. 부화시키는 동안 수컷들은 눈을 먹으면서 겨우 수분을 보충할 뿐, 먹이를 먹을 수 없어서 굶어죽는 경우도 많다고 한다. 죽음도 불사하는 부성父性도 대단하지만, '허들링'이라는 공동체 정신으로 혹한과 눈 폭풍을 이기고, 알을 부화시켜 종족을 보존해나가는 황제펭귄의 생존은 언제 봐도 감동적이다.

간호 현장에서는 때때로 눈 폭풍이 몰려오는 남극처럼 어려운 상황을 어떻게 견뎌내고 있을까? 요즘 젊은 간호사들은 병동 회식도 싫어한다고 한다. 병동에서 막내 노릇하는 것도 고달픈데 영화 보러 가서까지 표 끊고 콜라 사오는 심부름을 해야 하는 것도 그렇고, 회식 자리에서 고기를 자르고 재롱도 떨어야 하는 게 스트레스란다.

하지만 일이 힘들수록 근무 때 하지 못했던 이야기도 하고, 속에 쌓인 섭섭함을 풀어내는 자리가 반드시 있어야 한다. 정신없이 돌아가는 현장에서 미처 전하지 못한 미안함과 감사함이 충분히 전달될 때 빡빡했던 인간관계가 말랑말랑해지고, 어려움을 극복할 수 있는 힘을 얻을 수 있다. 하지만 회식 자리를 기피한다니 직장 인간관계의 어려움이 악순환 될 게 불 보듯 뻔한 일이라 심히 안타깝다.

날이 갈수록 의료 기관에서의 친절과 경쟁이 강조되고 있다. 간호의 특성상 병원 현장의 최전선에서 근무하는 후배 간호사들이 부디 황제펭귄에게 '허들링'을 배웠으면 좋겠다.

안 주고 안 받는 게 편하다고 생각해 혼자 지내다 보면 결국 지치고

만다. 추위 속에서 서로 밀착해 커다란 원을 만들어 혹독한 추위를 견뎌
내고 종족 보존까지 훌륭히 해내는 황제펭귄처럼 지낼 수 있으면 좋겠
다. 아니, 우리 모두 일상생활에서 황제펭귄처럼 서로 배려하는 상생의
비결로 힘겨운 인생살이를 즐겁게 해나갈 수 있다면 얼마나 좋을까?

　　　　저 정말

　　　　집에 가고

　　　　싶어요

상대방의 말과 행동을 이해하면 다른 사람이 아닌 바로 내가 자유로워
진다. 눈앞이 확 밝아지는 느낌이랄까. 상대방의 말과 행동에 대한 이
해는 더 나아가 나와 다른 사람의 생각을 인정하고 존중해주는 것으로
자연스레 이어진다.

"옷 사러 가서 '저런 옷은 도대체 누가 입을까?'

하는 옷을 네가 입고 있더라."

예전에 한 친구가 내게 한 말이다. 누구는 미역국은 맑게 끓이는 게 좋다고 하지만, 고기나 조개를 넣어 국물이 뽀얗게 우러나야 제 맛이라고 하는 사람도 있다. 비단 옷이나 가방, 음식뿐만 아니라 느끼고 생각하고 행동하는 모든 것이 백인백색임을 절감하며 산다.

병동에서도 똑같은 사건이지만 사람마다 다르게 반응하는 것을 실감했던 일이 아직도 기억에 생생하다. 하루는 K 간호사가 밥을 먹지 않으려는 여자 환자 옆에서 밥 먹는 것을 도와주고 있었다. 그때 환자가 갑자기 일어나 덤벼들어 때리고 머리채를 잡는 바람에 K 간호사는 무방비 상태에서 심하게 맞았다. 나중에 알고 보니 "저 여자가 너를 죽이려 한다"라는 내용의 환청이 들렸기 때문이었다.

즉시 주치의를 불러서 적절하게 조처하고 K 간호사는 치료실에 들어가 안정을 취하도록 했다. 오후여서 퇴근 때까지는 시간이 얼마 남지 않은 상태였다. 아끼던 후배 간호사가 맞았으니 의리의 수간호사로서 가만히 있을 수 없었다.

"많이 속상하지? 오늘 내가 저녁 사주고 술 사주고 원하는 대로 다 해줄 테니 나랑 같이 있다 가."

그런데 K 간호사 대답이 의외였다.

"수간호사님, 저 집에 갈래요."

순간 '내가 잘못 들었나?' 귀를 의심했다.

"아니, 환자한테 맞아서 많이 속상할 텐데 그냥 집에 가면 어떡해? 그러지 말고 우리랑 같이 밥도 먹고 술도 마시면서 풀고 가라니까."

그 말에 K 간호사는 더 정색을 했다.

"저, 정말 집에 가고 싶어요."

'혼자 있으면 더 속상해질 텐데 왜 저러나……'

마음 한편으로는 걱정되면서, 다른 한편으로는 호의를 거절당했다는 생각에 은근히 기분이 나빴다. 하지만 하도 정색하고 말하기에 더 이상은 권유하지 않고 자신이 원하는 대로 집에 가게 내버려두었다. 그 당시에는 K 간호사의 반응이 도저히 이해가 되지 않았다.

세월이 흘러 성격 검사를 주제로 한 워크숍에 참가했을 때 비로소 K 간호사를 이해할 수 있었다. 사람의 성향을 탐구하기 위한 성격검사 중 MBTI와 에니어그램이 가장 보편적으로 사용되고 있다. MBTI 성격 유형 워크숍에서 에너지 방향을 설명하는 내향과 외향 지표에 대한 설명을 들으니 그날 K 간호사와 나의 대화가 영화 속 한 장면처럼 머릿속에 그려졌다.

K 간호사는 평소 내향적 성향이 강해서 말수가 적고, 밖에 돌아다니는 것을 즐겨하기보다 조용히 집에서 쉬는 것을 좋아하고, 그러면서 에너지를 충전하는 성격으로 추측할 수 있다. 근무 중에 갑작스럽게 환자에게 심하게 맞은 일은 커다란 스트레스로, 이로 인해 에너지가 많이 소실되었을 것이다. 내향적 성향인 K 간호사는 에너지를 충전하기 위해 가능하면 빨리 편안한 안식처인 집에 가서 마음을 정리하고 싶었을 것이다.

반대로 수간호사였던 나는 지극히 외향적인 성향으로, 밖에서 사람들과 얘기하면서 에너지를 받는 사람이다. 그렇기에 환자한테 맞은 K 간호사도 당연히 나처럼 동료들과 같이 있으면서 저녁 사주고 원하는 대로 해주면 스트레스가 풀릴 것이라고 생각했다.

그러나 이런 생각은 나의 착각임을 성격 탐구 과정에서 자연스럽게 알게 되었다. 조용한 곳에서 편안하게 에너지를 충전하고 싶었던 K 간호사는 상사의 호의를 거절하는 것이 쉽지 않았을 텐데도 두 번씩이나 집에 가고 싶다고 심정을 표현했던 것이리라. K 간호사 사건은 사람마다 에너지를 얻는 방법이 다를 수 있음을 극명하게 보여 주는 사례다.

성격이나 스타일이 다른 상대방과 맞닥뜨렸을 때 무슨 일이 생길까? 서로 다름은 서로에게 불편하게 작용할 수 있다. 친구 부부 중에 여행만 가면 싸우는 커플이 있다. 친구는 자유롭게 떠나 마음에 드는 곳에 숙소를 정하는 것이 여행의 진수라고 생각하는 남편을 준비성이 없다며 닦달한다. 반면 남편은 모든 여정과 숙소를 정하고 나서야 여행을 떠나는 친구가 답답하다고 불평한다.

치약을 밑에서부터 꼭꼭 눌러가며 쓰는 엄마는 치약 중간을 푹 눌러서 사용하는 아들의 행동이 못마땅해서 따라다니며 잔소리를 한다. 아들은 그까짓 치약을 밑에서부터 짜든, 중간부터 짜든 뭐가 다르냐며 문을 쾅 닫고 집을 나가버린다.

빈 그릇이 나올 때마다 바로바로 씻는 시어머니는 그릇을 한꺼번에 쌓아두었다가 설거지하는 며느리를 보고 게을러 빠졌다며 못마땅해하고, 며느리는 그릇 나올 때마다 씻는 것은 물 낭비 아니냐며 결벽증이 심한 시어머니 때문에 불편해 죽겠다고 투덜댄다.

MBTI에 대한 설명을 들으면서 더욱 놀랐던 것은, 그동안 남들도 나랑 똑같은 줄 알고 살아왔다는 것이었다. 그래서 많이 오해했고, 그래서 인간관계에서 힘든 때가 많았다.

이처럼 '다른 사람도 나처럼 생각할 것이다'라고 여기는 것을 심리학에서는 '자기중심성'이라고 부른다. 자기중심성 때문에 남들도 나랑 똑같이 생각할 것이라고 믿으며 나아가 그것이 사실이라는 착각까지 한다. 사실 나랑 다름에 부딪혔을 때 불편해지는 것도 다 자기중심성 때문으로, 근본적으로는 '내가 옳고 나와 다른 너는 틀렸다'는 생각이 깔려 있기 때문에 기분 나쁜 감정이 올라오는 것이다.

특히 어려서부터 하나의 답을 고르는 객관식 문제에 익숙해 있는 우리에게는 정답 외에는 다 틀린 것이라는 생각의 뿌리가 깊다. 또한 토론 문화가 익숙하지 않은 탓에 자신의 의견과 다른 의견은 틀렸다고 생각하고, 의견이 다른 상대방을 반대파로 몰아세운 후 영원한 적이 되어버린다. 이렇듯 나와 다름을 틀린 것으로 판단해버리는 자동적인 메커니즘은 대화와 관계의 단절을 초래한다.

그날도 "수간호사님, 저 집에 갈래요"라는 K 간호사의 말에 기분이 안 좋았던 이유는 '환자에게 맞았을 때는 동료들과 같이 있으면서 속상한 것을 말로 풀고, 상사가 사주는 밥과 술로 위로를 받는 게 정석이지……' 라는 내 생각대로 K 간호사가 행동하지 않았기 때문일 것이다.

이런 상태가 지나치면 화로 이어질 수 있다. '어떻게 저렇게 말할 수가 있지? 상사인 내가 시간과 돈까지 투자해가면서 위로해주려고 했는데……. 내 참, 어이가 없군.' 또는 'K 간호사는 사람이 덜 되었어. 상사말을 우습게 여기는 버릇없는 간호사야' 로까지 발전할 수 있을 것이다. 결국 이런 일이 반복되면 K 간호사와 나의 고리는 점차 약해지다가 마침내 단절되고 말 것이다.

'액자 안에서는 액자 틀을 볼 수 없다' 는 미국 속담이 있다. 누구나 생각 틀이 있고 그 틀로 세상을 보고 있지만 이 사실을 모를 때가 많다. 세상을 다 보고 있다며 추호의 의심도 하지 않는다. 틀을 통한 내 시각에는 한계가 있을 수밖에 없음을 자각해야 한다. 그러기 위해 매순간 깨어있어야 한다.

한 발 더 나아가, 나와 상대방의 생각의 틀과 성격이 어떤 점에서 어떻게 다른지 알면 훨씬 이해의 폭이 넓어진다. 그래서 '인간이 어떻게 저럴 수 있지?' 라는 판단을 자연스레 내려놓고 "아하!" 의 경지에 다다를 수 있다. 마치 내가 성격 유형 세미나에서 K 간호사의 그날 행동을 이해하게 되었듯이…….

상대방의 말과 행동을 이해하면 다른 사람이 아닌 내가 자유로워진다. 눈앞이 확 밝아지는 느낌이랄까. 상대방의 말과 행동에 대한 이해는 더 나아가 나와 다른 사람의 생각을 인정하고 존중해주는 것으로 자연스레 이어진다. 이런 터전에서 관계와 소통이 활짝 꽃핀다.

지금은 교직에 몸담고 있는 K 간호사와 학회에서 마주치면 슬며시 웃음이 난다. 만약 그날 위로해준답시고 K 간호사를 집에 못 가게 했더라면 어땠을까. 억지로 같이 밥 먹고 술 마셨다면 수간호사로서의 책임을 다했다는 뿌듯함을 느꼈을지는 몰라도, 귀한 시간 내고 돈 써가면서 K 간호사를 두 번 힘들게 한 것이었으리라. 집에 간다는 그녀를 기어이 붙잡지 않았던 것이 얼마나 다행이었던가!

약점은

　　　위로이자

　　　격려다

흔히들 강한 사람은 약점이 없는 사람이라고 생각한다. 하지만 정말 강한 사람은 약점이 없는 사람이 아니라, 자신의 약점과 약점을 드러내는 것을 두려워하지 않는 사람이다.

어느 여름날 병동 환자들과 함께 산책을 나갔다.
초여름인데도 날씨가 무더워 시원한 나무 그늘 아래 자리를 잡고 앉았다. 삼삼오오 모여서 이런저런 얘기를 나누기도 하고, 가위바위보를 해아까시나무 잎을 하나씩 손가락으로 튕겨내기도 했다. 그때 누군가의제안으로 우리나라 국민 오락 중 하나인 '돌아가면서 노래 부르기'를하게 되었다. 노래 부른 사람이 다음 노래 부를 사람을 지목해 돌아가며노래를 부르던 중 한 환자가 L 간호사를 지목했다.

눈이 커서 간호사들 사이에서 '프랑스 인형'이라는 별명을 가진 그간호사는 평소에 얌전하고 말소리도 조용조용했다. 그런데 한사코 노래를 못한다며 빼는 것이었다. 환자들이 어르고, 달래고, 노래 안 부르면 병동에 안 들어가겠다고 협박도 했지만, L 간호사는 난처한 표정과 미소만 지을 뿐 노래하려 하지 않았다. 치료자로서 환자들의 분위기를 돋워야 할 마당에 오히려 판을 깨고 있는 상황이었다. 선배인 나는 같은 치료자로서 답답하고 민망해 아무리 노래를 못해도 일단 하는 척이라도 하라고 조용히 압력을 넣었으나 L 간호사는 여전히 꼼짝도 하지 않았다. 끝내 노래를 안 부르고 버티는 L 간호사 때문에 흥이 깨졌고 모두 머쓱해진 분위기로 병동으로 돌아왔다.

간호사 인계 시간에 낮에 산책 나갔던 이야기를 하며 L 간호사에게 넌지시 핀잔의 말을 날렸다.

"어쩜 그렇게 고집스러워? 대충 아무 노래라도 부르지……."

이런 내 마음을 아는지 모르는지, L 간호사는 손사래를 쳤다.

"노래를 진짜 못해서 사람들 앞에서는 노래를 불러본 적이 한 번도 없어요."

그래도 여전히 내 마음속에서는 '아무리 노래를 못해도 그렇지, 다른 데도 아니고 환자들과 산책 나간 자리에서 간호사가 그 정도 분위기도 못 맞춰주나?' 하는 생각이 사라지지 않았다.

J 의사도 떠오른다. 얼굴도 잘생겼고 키도 훤칠할 뿐만 아니라 누구나 부러워하는 명문대 의대를 나와 머리까지 좋았다.

하루는 환자들과 오락 요법을 하고 있었다. 그날의 게임은 스피드 퀴즈. 두 사람이 한 조가 되어 한 사람이 단어를 보며 설명하면 설명을 들은 파트너가 단어를 알아맞히는 게임이었다. 환자와 의사, 환자와 간호사 혹은 환자끼리 한 조가 되어 스무 개의 단어를 맞히면 되었다. J 의사와 담당 환자가 한 조가 되었다. 첫 문제가 '바다'였다.

어찌 된 일인지 J 의사는 바다 한 단어를 설명하는 데 주어진 시간을 다 써버리고 말았다. 보통은 '바다'라고 하면 '우리가 피서 자주 가는 곳' 정도로 설명하기 마련인데, J 의사는 너무 추상적으로 설명을 해서 파트너가 전혀 이해할 수 없었다. 결국 스무 문제 중 한 문제도 못 맞히는 바람에 최하위 팀이 되고 말았다. 주치의와 한 팀이 되었다고 좋아했던 환자는 환자대로 실망이 컸고, 설명을 효과적으로 하지 못한 주치의는 주치의대로 체면이 있는 대로 구겨진 셈이다. 대한민국에서 첫 손가락에 꼽히는 S대 의대를 나온 의사였지만 스피드 퀴즈에서 단어를 설명하는 데는 꽝이었다.

치료자로서 솔선수범해야 할 L 간호사에게는 노래 못하는 약점이, 머리 좋은 J 의사에게는 단어를 순발력 있게 설명하지 못하는 약점이 있었던 것이다. 이렇듯 모든 사람에게는 약점이 있다. 현명하고 똑똑해 보이는 사람에게도 약점은 있기 마련이며, 우리가 부러워 마지않는 사람들도 눈에는 보이지 않지만 어두운 구석이 있다.

흔히들 강한 사람은 약점이 없는 사람이라고 생각한다. 하지만 정말 강한 사람은 약점이 없는 사람이 아니라, 자신의 약점과 약점을 드러내는 것을 두려워하지 않는 사람이다. 이는 지구상에 살아남는 것은 가장 강한 종種이나 가장 똑똑한 종이 아니라는 찰스 다윈의 말에서도 엿볼 수 있다

약점의 정의를 사전에서 찾아보면 '모자라서 남에게 뒤떨어지거나 떳떳하지 못한 점'이다. 흔히 결점, 취약점, 단점, 허점, 모자람, 하자, 흠집 같은 의미로 사용한다. 한마디로 부족하거나 잘못되었음을 나타낼 때 사용하는 단어인 만큼, 우리는 자신의 약점을 싫어하고 부끄러워하는 경향이 있다. 그러니 본능적으로 약점을 숨기고 싶어 한다. 이처럼 약점을 애써 숨기려는 이유는 약점이 드러나면 다른 사람이 자신을 우습게 여길 것이라는 불안감, 약점을 지닌 자신을 싫어할지 모른다는 두려움 때문이다.

약점을 숨기는 데 신경을 많이 쓰다 보면 정작 잘할 수 있는 일에 써야 할 에너지가 고갈되기 쉽다. 또 약점을 고치려고 애쓰다 보면 피곤하고 행복하지 않은 상태가 된다.

그런데 과연 약점을 없애기 위해 노력한다고 약점이 사라질까? 애석하게도 약점은 없어지지 않는다. 게다가 약점을 가리는 데 힘을 쏟다 보

면 잘 드러나야 좋을 장점까지 파묻혀 버리기 쉽다.

모과를 보면 이 말이 실감 난다. 모과는 지지리 못생긴 데다가 사과나 배처럼 깎아 먹을 수도 없어 얼핏 '과일도 아니지' 싶다. 하지만 향기 하나는 가히 일품이며 얇게 저며서 설탕에 재놓으면 추운 날씨에 몸을 따뜻하게 녹여주고 소화도 도와주는 훌륭한 전통차가 된다. 만약 모과가 다른 과일에 비해 훨씬 못한 자신의 겉모습에 연연하느라 그윽한 향기를 잃는다면 모과로서의 존재는 얼마 안 가 사라질 것이다.

약점이 없으면 완벽해서 좋을 것 같지만 그렇지 않다. 돌담 쌓는 일을 생각해보자. 언젠가 TV에서 우리나라 제주도와 이탈리아 농촌에서 바람을 막는 돌담을 쌓을 때 똑같은 이치로 쌓는 것을 본 적이 있다. 담을 쌓을 때 빈틈없이 쌓으면 튼튼할 것 같지만 예상과는 달리 바람에 쉽게 쓰러진다고 한다. 오히려 돌과 돌 사이에 구멍을 만들어줘야 바람이 지나갈 수 있어서 거센 바람에도 쓰러지지 않고 버틸 수 있다는 것이다.

『아낌없이 주는 나무』로 전 세계 독자에게 사랑을 받고 있는 셸 실버스타인의 동화 중에 『어디로 갔을까 나의 한쪽은』이라는 동화가 있다. 한 조각을 잃어버려 이가 빠진 동그라미는 잃어버린 한 조각을 찾아 길을 떠난다. 우여곡절 끝에 마침내 잃어버린 짝을 찾았다. 하지만 잃어버린 짝을 찾아 완전해진 동그라미는 빨리 굴러가느라 이 빠진 상태에서는 멈춰서 향기를 맡았던 꽃도, 잠시 얘기를 나누었던 벌레도 그냥 지나칠 수밖에 없게 된다. 입이 열리지 않아 즐겁게 부르던 노래조차 할 수 없다. 결국 동그라미는 어렵게 찾은 조각을 살며시 내려놓고 이가 빠진 채 흥겹게 노래를 부르며 길을 떠난다. 모순되게도, 약점 없는 완벽이 더 큰 약점이 되는 것을 보여주는 동화다.

더 나아가 약점을 오히려 성장의 기회로 삼아 지켜보는 이들에게 크나큰 감동을 선사하는 이들이 있다. 우리 시대의 원더우먼 에이미 멀린스^{Aimee Mullins}가 그중에 하나다. 그녀는 태어날 때부터 양쪽 다리의 종아리뼈가 없어 의사에게 평생 걷지 못할 것이라는 진단을 받았다. 두 다리가 없는 것이 그녀에게 커다란 약점이 될 수도 있었다. 하지만 그녀는 그것을 감추기보다는 극복하려고 노력한 끝에 의족만으로도 자유롭게 걷고 뛰면서 1996년 애틀랜타 장애인 올림픽에 미국 대표 선수로 출전했다. 단거리와 멀리뛰기에서 우수한 성적을 거둔 후 패션모델이자 영화배우이며 동시에 작가와 강연자로서 왕성한 활동을 펼치고 있다. 『피플』은 에이미를 이 시대 아름다운 여성 50인으로 선정했다.

나는 약점을 통해 인간관계가 더 좋아지는 것을 경험했다. 명절을 준비하기 위해 시댁에 갔을 때였다. 워낙 오래도록 집안일을 면제받고 살아왔기에 음식 솜씨가 제로인 나와 달리 손아래 동서들은 음식 솜씨가 좋았다. 내가 앞에 나서서 진두지휘할 상황이 아니었다. 처음에는 손윗동서인 나는 나대로 면이 안 섰고, 동서들은 동서들대로 윗사람인 내 눈치를 살피느라 일에 진척이 없고 분위기가 묘했다. 이때 민망함을 뒤로하고 씩씩하게 말했다.

"나는 음식 만드는 것을 잘 못하니까 동서들이 앞에 나서서 해봐. 나는 하라는 대로 열심히 도울게."

그제야 동서들도 편안한 마음으로 나서서 음식을 만들기 시작했다. 나는 솜씨 좋은 아랫동서들이 만들어주는 재료를 가지고, 하라는 대로 빈대떡과 전을 부쳤다. 음식 솜씨는 없지만 말솜씨는 그럭저럭 괜찮아서 내 전공과 관련된 여러 얘기를 유머를 곁들여 들려주니, 각자 가진 솜씨가 적절히 조화를 이루어 분위기가 활기차면서도 부드러웠다. 감사한 것은, 약점을 솔직하게 드러내자 무시하기는커녕 오히려 일이 더 원활하게 진행되었고 나아가 관계가 훨씬 더 편안해졌다는 것이다. 만약 음식 솜씨 없는 약점을 숨기려 했다면 일은 일대로 힘들고 관계는 관계대로 소원한 채로 지냈을 것이다.

게다가 누군가의 약점은 타인에게 위로와 격려가 되기도 한다. 이를 증명이라도 하듯, 노래 못하는 L 간호사에 관한 얘기는 다음과 같이 이어진다.

산책을 나갔던 그날 저녁 한 여자 환자가 초번 간호사에게 L 간호사 얘기를 하면서 "간호사 중에도 노래 못하는 사람이 있던데요!"라며 간호사들도 못하는 것이 있다는 사실에 놀랐다는 이야기를 했단다. 그 환자 눈에는 간호사들이 그림이면 그림, 노래면 노래 등 뭐든 잘하는 것으로 보여 늘 주눅 들고 열등감을 느꼈단다. 그런데 노래 못하는 L 간호사를 보며 위로가 되었다는 것이다.

그 환자의 말을 전해 들으면서 정신과 간호사들은 뭐든지 잘해야 환자들 간호에 도움이 된다는 나의 고정 관념을 단숨에 바꾸었다. 치료자의 부족함이 환자들을 편안하게 하고 자존감을 높여 오히려 치료에 도움이 될 수 있음을 깨닫는 좋은 기회였다.

약점이 인간관계에서의 보약임을 뼛속까지 깨닫게 해준 L 간호사. 그녀는 아마 지금도 돌아가며 노래 부르는 자리에서 입을 꾹 다문 채 버티고 있을 것이다. 온갖 회유와 협박에도 끝까지 함구하고 있을 L 간호사의 모습을 떠올리다 보니 슬며시 웃음이 난다. 인간은 약점으로 인해 인간적일 수 있기에.

당신에게도___

재능이_____

있다_____

우리 모두 뛰어난 재능 한 가지씩은 갖고 태어나지만 스스로 재능이 없다고 여기는 이유는 자신의 재능을 발견하지 못해서다. 문제는 타고난 재능을 어떻게 찾느냐다. 그러기에 벤저민 프랭클린은 "내가 이 세상에서 가장 잘할 수 있는 것은 무엇일까?"라는 질문이 이 세상에서 가장 훌륭한 질문이라고 말했다.

"과장님 회진 오셨어요."

〈하얀거탑〉을 포함한 메디컬 드라마에서는 과장을 비롯한 일개 소대 정도의 의사가 무리를 지어 환자 방을 돌며 회진하는 광경을 쉽게 볼 수 있다. 그러나 정신과 회진은 다르다. 병원마다 다르겠지만 내가 근무하던 병원에서는 환자들에게 미칠 영향을 고려해 과장, 수석의, 수간호사 이렇게 셋이서 단출하게 회진을 돈다. 게다가 소아 정신과에서는 아이들 특성상 가만히 앉아 있지 않기 때문에 꼭 병실이 아니더라도 뛰어놀던 애들을 만나게 되는 병동 거실이나 복도 같은 곳에서 자연스럽게 회진이 이루어진다.

홍 과장님의 별명은 '홍 차일드'다. 오해(?)를 조기에 차단하기 위해 별명의 유래부터 설명해야겠다.

성인 병동과 달리 소아 정신과 병동에서는 대부분의 남자 의사들이 힘을 못 쓴다. 남자들의 보편적인 기질로 아이들을 다루는 게 서툴기 때문이다. 그래서 과장님이 회진 때 "아무개, 네 선생님이 누구시지?"라고 물으면 대부분의 아이들은 주치의 이름이 아닌 담당 간호사 이름을 댄다. 아이들은 의사보다 훨씬 자주 보고, 많이 놀아주는 간호사가 자신의 치료자라고 믿기 때문이다. 그만큼 남자 주치의들은 어린 환자 보는 게 편하지 않다.

그런데 유독 아이들이 따르는 남자 의사가 있었으니 바로 과장님이었다. 아이들을 대하는 태도가 어찌나 자연스러운지 애들은 주치의한테는 안 하는 행동을 과장님한테는 했다. 달라붙고, 팔을 잡아끌고, 어깨에 올라타고……. 달라붙는 아이들을 전혀 귀찮아하지 않으면서 편하게 대하는 모습이 옆에서 보기에 참 좋았다. 한마디로 '타고난 소아 정신과 의사'였다.

사람들은 여러 강점을 갖고 태어난다. 강점 중 최고는 바로 '재능'이다. 재능 하면 떠오르는 단어가 있다. 탁월성^{Excellence}을 의미하는 그리스어 아레테^{Arete}다. 그리스인들은 모든 사물에는 특성이 가장 좋은 상태인 아레테가 있으며, 인간에게도 꼭 거창하거나 특출한 것이 아닐지라도 나름대로의 탁월한 특기가 있다고 보았다. 예를 들면 대장장이의 아레테는 쇠를 능수능란하게 다루는 것이며, 하프 연주자의 아레테는 하프를 아름답게 연주하는 것이다. 더불어, 사물에도 탁월성이 있다고 보는 그리스인들의 시각이 참 독특하다.

이처럼 우리 모두 뛰어난 재능 한 가지씩은 갖고 태어나지만 스스로 재능이 없다고 여기는 이유는 자신의 재능을 발견하지 못해서다. 문제는 타고난 재능을 어떻게 찾느냐다. 그러기에 벤저민 프랭클린은 "내가 이 세상에서 가장 잘할 수 있는 것은 무엇일까?" 라는 질문이 이 세상에서 가장 훌륭한 질문이라고 말했다.

재능을 찾아내기 위해서는 우선 자신에게 재능이 있다는 확신부터 가져야 한다. 내 안에 나만의 보석이 있다고 믿어야 한다. 조물주는 장점이 하나도 없는 피조물을 창조하지 않으셨다. 이를 두고 『탈무드』에서는 "이 세상에는 아무짝에도 쓸모없는 것이라고는 없다. 그러므로 아무리 사소한 것이라 할지라도 소홀히 여겨서는 안 된다"라고 말하고 있다.

우선 스스로 재능을 찾아보자. 내면의 소리에 귀 기울이고 마음이 자꾸 가는 일이 무엇이며 꼭 하고 싶은 일이 무엇인지 생각해보는 것이 중요하다. 다양한 기회를 통해 즐겁게 잘할 수 있는 일을 찾는 것도 한 방법이다. 직접 해보기 전에는 자기 안에 어떤 능력이 잠들어 있는지 미리 알 수 없기 때문이다.

또한 자신을 잘 아는 사람들에게 조언을 얻는 것도 재능을 찾는 한 가지 방법이다. 부모가 자녀에게 해줄 수 있는 가장 중요한 것이 바로 자녀의 재능을 발견하고 키워주는 것이다. 스승이 제자에게, 윗사람이 아랫사람에게 해줄 수 있는 가장 핵심적인 일도 재능을 발견하고 충분히 발휘하도록 격려하는 것이다.

어렸을 때 읽은 위인전에서 큰 감동을 받았던 인물 중 한 명이 헬렌 켈러다. 그녀가 시각 장애인이면서도 작가 겸 사회사업가로 활동할 수 있었던 배경에는 앤 설리번Anne Sullivan 선생님이 있다. 거의 짐승 수준으로 광폭한 헬렌 켈러를 견디지 못해 하루가 멀다 하고 그만두는 이전의 가정 교사들과 달리 설리번 선생님은 헬렌 켈러의 보이지 않는 잠재력을 발견하고 꽃피우도록 도와주었다. 그런 그녀를 '기적을 일으키는 사람The Miracle Worker'이라 부르는 것에 절로 고개가 끄덕여진다.

사람에 따라서는 재능을 발견하는 일이 쉽지 않을 수 있다. 잠재력이 눈에 보이지 않게 존재하고 있기 때문이다. 보석을 얻기 위해서는 깊은 땅속에 파묻혀 있는 원석부터 찾아서 캐내야 한다. 마찬가지로 인간의 재능을 찾기 위해서는 애정과 남다른 관찰력으로, 겉으로 드러나는 모습 밑에 숨겨진 원석 상태의 잠재력을 찾아내고 발굴해야 한다.

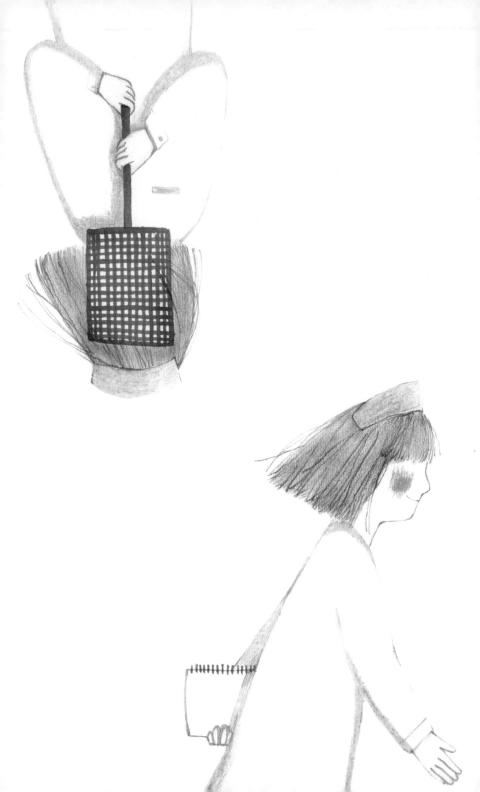

재능을 발견하는 계기 또한 다양하다. 일찍부터 재능이 드러나 순탄하게 사는가 하면, 때로는 우연히 발을 내디딘 곳에서 재능을 찾는 경우도 있다. 수간호사로 일하는 동안, 다른 병동에서는 존재감이 없거나 오히려 문제 간호사로 찍혔다가 정신과로 와서 능력을 십분 발휘하며 유능한 간호사로 등극하는 경우를 종종 경험했다.

누구에게나 때가 있으며, 그 때가 다르다는 것을 실감하게 해준 K 간호사. 그녀의 별명은 '파리채 간호사'였다. K 간호사는 내과 병동에서 근무하다가 우리 병동으로 이동했다. 동기 간호사들 몇 명은 졸업과 동시에 정신과 병동에서 근무하면서 한창 실력을 발휘하고 있었던지라 K 간호사로서는 정신과 간호사로서의 출발이 뒤처진 셈이었다.

K 간호사가 내과 병동에서 근무하던 당시, 하루는 환자에게 투약하러 병실에 들어갔다. 약을 주고 돌아서 나오는데 K 간호사 등 뒤에 대고 보호자가 병실에 파리가 있다고 하소연했다. 그때 K 간호사가 돌아서면서 "그럼 파리채로 잡으세요"라고 했단다.

보호자로선 병원에, 그것도 환자 병실에 파리가 있어 당황스러움과 불만을 얹어서 표현한 것이었다. 그런데 병원 직원인 간호사가 아무렇지도 않게 파리채로 잡으라고 한 것에 보호자는 몹시 화가 났다. 보호자는 당장 수간호사에게 달려가 K 간호사에 대해 항의했다. 결국 K 간호사는 보호자 응대를 효과적으로 하지 못한 이유로 수간호사와 간호과장

에게 질책을 들었다. 그 후로 K 간호사는 '파리채 간호사'로 유명(?)해
졌다.

얼마 안 있어 마침 우리 병동에 간호사 빈자리가 생기자, 파리채 사
건 이후 K 간호사를 마뜩찮게 생각하고 있던 내과 병동에서는 옳다구나
하며 우리 병동으로 보냈다. 솔직히 나도 소문을 통해 사건의 전말을 알
고 있던 터라 마음 한편으로는 찜찜했다. 우리 병동에 와서도 너무 튀는
게 아닐까 걱정도 되었다.

로테이션이 결정되자 K 간호사는 우리 병동으로 미리 인사를 왔다.
훤칠한 키에 서글서글한 얼굴, 시원시원한 말씨를 지니고 있어 소문과
달리 호감이 갔다. 더구나 우리 병동에서 근무를 시작하면서 물 만난 고
기처럼 능력을 발휘했다. 특히 청소년 환자들에게 인기가 좋았다. 다른
간호사들은 고개를 절레절레 젓는 반항기 청소년 환자들을 손안에 넣고
주물렀다. 청소년들은 K 간호사 말이라면 깜빡 죽었다.

한창 물오른 정신 간호로 환자와 모든 치료진에게 활기를 주던 K 간
호사는 아쉽게도 오랜 시간 같이 근무하지는 못했다. 미국으로 공부하
러 가게 되었기 때문이다.

K 간호사는 송별회 자리에서 솔직히 내과 병동에 있을 때는 수시로
그만두고 싶었고, 파리채 사건으로 인해 간호에 대한 자신감이 완전히
바닥까지 떨어져 사직을 결심했다고 고백했다. 그러던 중 정신과에 가

라는 발령을 받았고, 한 번만 더 간호사로서 기회를 잡아보자고 자신을 달랬다고 했다. 다행히 정신과에 와서 보니 정신 간호가 적성에 딱 맞았으며, 특히 청소년 간호에 재능이 있음을 발견했다. 재능을 충분히 발휘하다 보니 바닥을 쳤던 간호에 대한 애정도 회복되었다. 마침내 정신과에서의 근무를 계기로 미국에 가서 더 공부할 결심까지 하게 되었다. K 간호사는 정신 간호 덕분에 자신의 재능을 찾았고, 더 발전할 수 있는 기회를 찾았다며 감사의 말을 거듭했다. 미국에 간 K 간호사는 계획대로 공부를 계속했으며, 지금은 뉴욕에서 유능한 청소년 개업 간호사Nurse Practitioner로 활발하게 활동하고 있다. K 간호사 소식을 들을 때마다 나도 상사로서 그녀의 풍성한 간호 이력에 일조했다는 생각에 뿌듯해진다.

오늘도 병원 어디에선가 혹시라도 간호직이 적성에 맞지 않는다며 고민하고 있는 간호사가 있다면 섣불리 이직을 결정하지 않았으면 좋겠다. 그보다는 '파리채 간호사'처럼 자신의 재능을 잘 발휘할 수 있는 병동으로 로테이션을 고려해보는 게 효과적이지 않을까?

_____멀리하기엔

_____너무 가까운

_____당신

인간관계 갈등의 열쇠는 상대방의 입장이 되어보는 것임을 다시 한 번
절감했다. 인디언 속담에서 '그 사람의 입장에 대해 충분히 알려면 그
사람의 신발을 신고 걸어보라'고 하지 않았던가? 남의 입장이 되어보
지 않고서 섣불리 판단하지 말라는 말이리라.

세상에는 하늘이 내리신 관계가 있다고 한다. 시어머니와 며느리 관계가 대표적인 예다. 그런데 뜻밖의 얘기를 들었다. 범인凡人들의 눈엔 전혀 그렇게 보이지 않지만 신부와 수녀 관계가 그렇게 묘하다고 한다. 진위 여부를 떠나서 그만큼 힘들다는 표현일 게다.

여기에 간호사와 의사의 관계도 추가하고 싶다. 그만큼 의사와 간호사의 관계가 어렵다는 것이 내 결론이다. 하지만 어디까지나 내 경험에 의한 결론이다.

대학 입시를 앞두고 간호학과에 지원하겠다고 했더니 그 당시 의대에 다니고 있던 오빠가 말렸다. "네 성격에 무슨 간호사냐?"라며 강력하게 반대했다. 아마 오빠의 눈에 내 성격이 꽤나 괄괄해 보였던 것이다. 그러나 오빠의 반대를 무릅쓰고 간호학을 택했다.

아니나 다를까, 실습 나가기 시작한 3학년 때부터 전공에 대한 갈등이 심각해졌다. 나뿐이 아니었다. 친구들도 힘들어했다. 간호학 자체에 대한 고민보다 간호를 둘러싼 여건들이 기대와 너무 달랐다. 특히 하는 일의 중요성과 비중에 비해 독자성과 자율성이 많이 부족해 보였다. 그러나 특별히 대안이 없었다.

일은 재미있었다. 수술실에서도 그랬고, 특히 정신과에 와서는 환자들과 지내고 좋은 동료들과 어울려 다니느라 시간 가는 줄 몰랐다. 그러나 반드시 같이 일해야 하는 옆 동네와의 인간관계가 문제였다. 가까이 하기엔 너무 먼 당신, 멀리하기엔 너무 가까운 동료. 의사들과의 관계는 늘 걸려 넘어지는 돌, 아니 커다란 바위였다.

18년의 병원 생활에 종지부를 찍고 대학에서 학생들을 가르치게 되었을 때 가장 좋은 점은, 의사와 부딪히지 않아도 되는 것이었다. 의사들과의 에피소드를 펼쳐놓자면 책 열 권도 부족하다. 몇몇 에피소드는 좀 희미해졌지만 여전히 기억의 언저리에 남아 있다.

일반 외과 수술실에 근무하고 있을 때였다. 주 책임자인 교수가 나가고 레지던트(수련의)만 남았는데 그 레지던트가 나를 쳐다보더니 "의자

갖다 줘"라며 반말을 하는 게 아닌가! 반사적으로 나도 반말로 "네가 가져와"라고 되받아쳤다.

순간 수술에 참여하고 있던 모든 레지던트가 일제히 나를 험한 눈으로 쳐다보았다. 속으로는 더럭 겁이 났지만 겉으로는 아무렇지도 않는 척 내 할 일을 계속했다. 그날 밤 기숙사 방 짝이 저녁 근무를 끝내고 들어왔다. 일반 외과에서 근무하는 친구였는데 옷을 갈아입으면서 조심스럽게 얘기했다.

"오늘 우리 병동 레지던트들이 수술 끝나고 간호사실로 와서는 자기네끼리 수술장에 있는 간호사 욕을 늘어지게 하더라. 그런데 옆에서 듣고 있자니 네 얘기였어."

안 봐도 아마 엄청나게 욕을 해댔을 것이라고 쉽게 짐작되었다.

또 하나 잊지 못할 이야기! 예전 병원 근처에 영화관이 하나 있었다. 동네에 있는 영화관이니 삼류 극장이었으리라. 저녁 시간에 할 일이 없기에 영화나 한 편 보려고 그 극장에 갔다. 바로 내 뒷자리에 남녀 한 쌍이 앉았다. 영화가 시작되었는데 계속 뒤에서 말소리가 들려와 영화에 집중할 수가 없었다. 짜증이 나서 한마디 해줄까 고민하고 있는데 가만히 들어보니 간호사 험담이었다. 의사가 여자 친구랑 영화 보러 왔던 모양인데, 영화는 안 보고 같은 병동 간호사 욕을 주야장천 쏟아내고 있었던 것이다. 이 정도면 간호사와 의사 관계는 하늘이 인정하는 어려운 관계 아닐까?

인간관계가 껄끄러우면 일이 훨씬 힘들기에 병동 분위기를 좋게 하기 위해 나름 여러 방법을 시도해봤다. 처음에는 아침에 같이 커피 마시는 자리를 마련했다. 하지만 커피 마시고 나서 사용한 커피잔을 자리에 그대로 놓고 일어나는 것을 두 눈뜨고 못 봐서 싸웠다(그때는 종이컵이 없었다).

휴대전화는 물론 삐삐도 없던 시절에 연락처도 남기지 않고 어딘가로 사라져, 주치의를 만나게 해달라며 화를 내는 환자나 보호자의 분노를 고스란히 대신 받아내느라 뚜껑(!)이 열린 적이 한두 번이 아니었다.

의사 업무인 일을 대신해달라고 부탁을 해도 안 할 판인데 명령(!)까지 하는 바람에 언쟁이 벌어지고, 가끔은 손발이 먼저 작동하는 바람에 윗선에까지 보고되는 큰 사건으로 비화되기도 했다.

하루는 기분 좋게 나간 회식 자리에서 호칭 때문에 말싸움이 붙어 자리를 박차고 나왔다. 집으로 돌아오는 차 안에서 "하나님, 왜 저에게 간호사를 시키셨나요?"라는 절규가 절로 나왔다. 집에 와서는 남편을 붙들고 엉엉 울었다, 억울해서……

물론 의사와의 관계가 늘 살벌한 것은 아니어서 다른 직장처럼 결혼하는 커플도 있다. 대학 병원이나 종합 병원에서는 3년이나 4년의 수련 과정을 마치고 전문의가 되면 대개 다른 병원의 정신과 과장으로 갔다. 가서는 그곳 간호사를 내가 있는 병동으로 연수 보냈다. 연수 온 간호사들의 말을 빌리면 "여기 정신과 간호사들의 실력이 굉장하니 많이 배우고 오라"라고 신신당부했다는 것이다. 같이 지낼 때는 서로 으르렁거렸지만, 마음속으로는 간호사라는 존재를 인정하고 있긴 했나보다. 또 오랜 세월이 지났어도 어디선가 마주치면 반가운 마음에 나도 모르게 웃음 띤 얼굴로 악수를 하게 된다. 아마 피 터지게 싸우면서 미운 정 고운 정 다 들었나보다.

특히 잊을 수 없는 의사가 있다. 15년을 수간호사로 있었으니 한 해에 8명씩, 꽤 많은 레지던트와 근무한 셈이다. 그중에 치료도 유능한 데다가 간호사에게도 괜한 누를 끼친 적 없는 레지던트가 있었다. 게다가 내가 반할 만큼 유머가 풍부했다.

가장 하이라이트는 레지던트 1년차를 끝내고 병동을 떠나는 날이었다. 간호사실로 오더니 작은 선물 꾸러미를 내미는 것이었다. 놀라서 웬 거냐고 물었다.

"지난 1년 동안 의국에서도 많이 배웠지만 수간호사님과 간호사들에게도 많이 배웠습니다. 고맙습니다."

정말 감동이었다. 그동안 의사들과의 갈등 때문에 생긴 수많은 마음의 생채기가 일시에 치유되고 새살이 돋는 기분이었다. 와!

지금은 정년퇴직하신 정신과 교수님도 잊지 못할 의사다. 지쳐서 병원을 떠나는 나를 위해 집 근처까지 오셔서 따로 송별회를 해주셨다.

"주 수간호사의 사직은 정신과의 손실이요, 정신 간호의 손실이며, 대한민국 간호계의 손해니 잠시 쉬고 나서 정신 간호사를 꼭 다시 하세요."

괜히 치켜세워주느라 하신 말씀이었겠지만, 지쳐서 바닥을 치고 있던 터라 눈물이 핑 돌 정도로 큰 격려가 되었다.

그런가 하면 레지던트 기간 동안 친하게 지내다가 전문의가 되어 병원을 떠난 후에도 계속 만나고, 지금도 여행을 같이 다니는 소울 메이트 여자 의사들도 있다.

그 당시로서는 의사들과 같이 일하면서 생기는 힘겨움의 원인이 의사들의 일방적인 횡포 때문이라고 생각했다. 하지만 갈등의 대부분이 간호사와 의사들의 입장 차이에서 비롯된 것임을, 요즘 남자 간호사들이 늘고 있는 간호계의 변화를 보며 깨닫게 되었다.

간호직은 불과 30년 전까지만 해도 여성들의 전유 직종이었다. 당연히 간호학과에는 여학생만 있었다. 그러다가 남학생이 하나둘씩 입학하기 시작했고, 매년 남학생의 수가 조금씩 늘고 있지만 아직은 여전히 소수라고 볼 수 있다. 따라서 요즘도 대학의 모든 편의시설이 여학생 위주다. 아직 몇 명 되지 않는 남학생을 위해 공간을 따로 확보한다는 게 말처럼 쉬운 일도 아니니 그들을 위한 시설과 시스템들을 만들어가는 게 자연 더딜 수밖에 없다.

그러나 여학생들이 전혀 의식하지 못하고 당연하게 누리는 편리함은 곧바로 남학생들의 고충으로 이어지고 있었다. 남학생들의 입장과 상황을 충분히 이해하지 못하기 때문이다.

간호학과 남학생들이 겪고 있는 어려움에 대해 듣고 있자니, 병원 근무하며 오랫동안 '가까이하기엔 너무 먼 당신'으로 여겼던 의사들이 생각났다.

많은 부분 서로의 입장을 모르는 채 그들은 그들대로, 우리는 우리대로 판단하고 행동해 어려움이 발생하지 않았을까? 결국 모든 갈등은 입장 차이에서 비롯된 것이지, 일부러 힘들게 하려는 의도가 있었던 것은 아니었을 것이다.

역지사지. 인간관계 갈등의 열쇠는 상대방의 입장이 되어보는 것임을 다시 한 번 절감했다. 인디언 속담에서 '그 사람의 입장에 대해 충분히 알려면 그 사람의 신발을 신고 걸어보라'라고 하지 않았던가? 남의 입장이 되어보지 않고서 섣불리 판단하지 말라는 말이리라. 의사 없는 간호사도, 간호사 없는 의사도 불가능한 것이 병원 현장이다. 역지사지를 깨닫고 나니 갑자기 '가까이하기엔 너무 먼 당신'이었던 의사들이 '멀리하기엔 너무 가까운 당신'으로 느껴진다!

마음속

바위

내려놓기

아무리 상대방이 바뀌기를 원해도 상대방이 변하는 것은 그 사람의 소
관이지, 내가 어떻게 할 수 있는 게 아니다. 변하지 않는 상대방에게 계
속 "변해라, 변해라" 하는 것은 마치 내 앞에 놓인 커다란 바위를 껴안
고 씨름하는 것과 같다.

'지자요수 인자요산智者樂水 仁者樂山'은 『논어論語』「옹야편雍也篇」에 나오는 공자님 말씀으로, '지혜로운 자는 물을 좋아하고, 어진 자는 산을 좋아한다'는 뜻이다.

나 자신이 '지자'인지는 분명하지 않지만 유난히 바다나 폭포를 좋아하는 터라, 미국행 비행기에 오르면서 무슨 일이 있어도 나이아가라 폭포에 꼭 가보리라 다짐했다.

장장 18년의 간호사 생활을 마감하자마자 짐을 꾸려서 여행길에 올랐다. 내가 대학에 들어가던 1970년대는 전 국가적으로 외국 나가는 게 어렵던 시절이었다. 그래서인지 미국으로 진출하기 위해, 상대적으로 미국행이 용이한 간호학과에 들어온 친구가 많았다. 실제로 졸업 후 미국으로 건너가서 살고 있는 동창이 많다. 대학 시절 친하게 지내던 친구들이 이구동성으로 성화였다.

"다른 애들은 다 다녀가는데 너는 언제 오니?"

마침내 퇴직 기념 여행의 목적지를 미국으로 정했다. 근무하던 18년 동안 매년 일주일 정도의 휴가밖에 가져보지 못했기에 물리도록 돌아다니고 싶었다. 해서 비행기 티켓도 돌아올 날짜를 정하지 않은 오픈티켓으로 끊었다. 맨 처음 도착지인 하와이를 포함해 샌프란시스코, 로스앤젤레스, 라스베이거스, 시애틀, 시카고, 뉴저지, 보스턴, 뉴욕까지……

시카고 친구 집에 짐을 풀고 느긋하게 지내면서 지도를 보니, 방문 여정 상에 있는 다른 어떤 도시보다 나이아가라 폭포까지의 거리가 가까워 보였다. 게다가 마침 같이 근무했던 후배 간호사가 남편 유학으로 시카고와 나이아가라 폭포 중간쯤에 있는 이스트랜싱이라는 도시에 와 있었다. 후배에게 전화하니 반가워하며 자기네 부부도 아직 나이아가라 폭포에 가보지 못했으니 같이 가자고 했다. 신 나서 후배네 집으로 갔다. 세 살배기 아들까지 데리고 후배 남편이 차를 몰아 어르신들이 제일 좋아하는 폭포라는 '나이야 가라(?!)'로 향했다.

드디어 나이아가라 폭포에 도착. 오래전부터 두 눈으로 반드시 보고야 말리라 다짐했던 폭포 앞에 섰다. 쏟아져 내리는 장대한 물줄기에서 눈을 뗄 수 없었다. 관광선을 타고 폭포 바로 앞까지 가자 천둥 같은 소리에 귀가 먹먹해지고, 거대한 폭포 앞에서 나 자신은 한없이 작아졌다.

바로 그때였다. 전혀 예상치 못했던 일이 내 안에서 벌어졌다. 모든 것을 싸안고 쏟아져 내리는 거대한 자연 앞에 서고 보니 문득 '나의 모든 행동이 정말 최선이었을까?' 라는 생각이 마음 저 깊은 속에서 선명하게 떠올랐다. 잠시 폭포 소리를 잊게 할 만큼……

'왜 그리 빡빡하게 살아왔나?', '만약 병원으로 돌아간다면 또다시 그렇게 살까?' 라는 생각이 뒤를 이었다. 당황스러웠다. 지나온 세월, 자타가 공인할 정도로 치열하게 그리고 열심히 간호했다. 간호에 대한 열정과 그에 따른 행동에 대해 한 번도 의문을 품어본 적이 없었다. 하지만 의사들과 같이 일하면서 많은 순간 희생자라는 생각에 참 많이 억울했다. 그래서 의사들과의 관계에서 나름 간호사의 권리를 지키느라 갈등을 많이 겪었다. 그중에 백미는 '호칭 사건'이었다.

사건의 전말은 이렇다. 정신과 병동에는 다른 병동과 달리 간호사와 의사 외에도 심리학자, 사회사업가 등 다양한 직종의 치료자들이 있다. 거기다가 미술 요법이나 오락 요법을 하러 오는 자원봉사자들도 있다 보니, 효과적인 치료를 위해 각자 맡고 있는 환자에 대한 정보를 공유하는 치료자 간의 소통이 상당히 중요하다. 자연히 회의가 많을 수밖에 없다.

그런데 어찌된 일인지 치료자 회의를 하다 보면 다른 치료자들을 부를 땐 모두 '선생님'이란 호칭을 쓰면서, 유독 간호사를 부를 때면 꼭 '씨' 자를 붙여 부르는 것이었다. 이유인즉슨, 적절한 호칭이 없다는 것이었다. 그러니 어찌 뚜껑이 열리지 않겠는가?

속상한 마음에 옆 병동 선배 수간호사님과 머리를 맞대고 의논한 끝에 정신과 과장님부터 시작해서 모든 정신과 교수, 레지던트들을 만나 우리를 '간호사님'이라는 호칭으로 불러 달라고 요청했다. 그런데 이게 웬일! 정신과 과장님만 호의적인 반응을 보이셨을 뿐 돌아오는 반응이 냉담했다. 특히 레지던트들은 "아무개 간호사님이라는 호칭은 너무 길다", "여태까지 잘 지냈는데 왜 새삼스럽게 호칭에 연연하느냐"라며 우리의 요청에 대해 부정적이었다.

그동안 많은 대화를 나누고 회식도 자주 하면서 병원에서 둘째가라면 서러울 정도로 화기애애한 병동이라고 믿었는데, 의사들의 냉랭한 반응에 절망감이 몰려왔다.

마침 그때가 택시 운전기사들을 '아저씨' 대신 '기사님'으로 바꿔 부르기 시작할 때였다. 그런 사회의 변화를 예로 들어가며 호칭은 단순히 글자에 불과한 것이 아니라 그 사람의 지위를 나타내며 또한 상대방에 대한 예우를 담고 있음을 강조했다. 결과적으로 한참 후에 '간호사님'이라는 호칭이 자연스럽게 쓰이게 되었지만, 그 당시에는 의사들에 대한 섭섭함과 분노가 깊었다.

의사들과의 갈등만 떠오르는 게 아니었다. 간호사들과의 일들도 떠올랐다. 나름 자상한 수간호사가 되기 위해 애썼지만 아마도 무서웠을 것이다. 내 기준으로 봐서 조금이라도 간호사의 품위를 손상시키는 행동에 대해선 가차 없이 호되게 야단을 쳤다. 간호사끼리 "언니"라고 부르면 두 눈 부릅뜨고 지적했다. 화기애애한 분위기를 위해 의사가 해야 할 일을 대신 해주는 간호사에게는 직격탄을 날렸다. 그래야만 의사에 비해 힘이 약한 간호 영역을 지킬 수 있다는 생각에 처절할 정도로 엄격했다. 일명 '간호 사수하기'였다.

특히 다른 병동에서 근무하다가 로테이션 되어 온 경력직 후배 간호사가 떠올랐다. 복장부터 시작해서 절대로 해서는 안 되는 의사 업무 대행에 이르기까지, 해서는 안 되는 일들을 골고루 해대는, 그래서 더욱 마음에 안 드는 간호사였다. 그 덕(?)에 3주간의 오리엔테이션 동안 내가 스트레스를 받아서 두 번이나 봉와직염cellulitis에 걸려 고생했다. 면역이 떨어지면 쉽게 걸리는 질환이었다. 그 당시로서는 당연히 그 간호사가 '수준 미달의 문제 간호사'였다.

한 터럭의 미련도 남지 않을 정도로 너무나 열정적으로 간호를 해왔고, 확신을 가지고 간호직을 지켜왔기에 후회도 회한도 없을 줄 알았다. 그런데 장대한 폭포수 앞에서 뜻하지 않은 생각과 감정이 머릿속을 어지럽혔다. '뭐가 잘못된 거지?'라는 의문이 떠오르면서 발을 딛고 서 있는 지축이 흔들리는 느낌이었다.

하지만 곧 '그래도 최선이었어', '그럴 수밖에 없었어', '우리는 약자이고, 그렇게 하지 않았으면 도저히 우리 영역을 지킬 수 없었다고' 이렇게 중얼거리면서 서둘러 혼란스러운 마음을 추슬렀다.

이런 예기치 않은 감정은 나이아가라 폭포를 떠나서도 지속되었다. 복잡한 마음으로 시카고로 돌아왔다. 내가 돌아오기를 기다리고 있던 친구는 다음 날 미시간 호수에 데려갔다. 호숫가에 서니 파도까지 철썩거리는 게 내 눈엔 호수가 아니라 영락없는 바다였다. 우리나라 절반쯤 되는 크기라니 입이 다물어지지 않았다. 호수라고는 우리나라 산정호수에 가본 게 다였으니 당연했다. 수평선을 따라 미시간 호숫가를 천천히 걸으며 친구에게 나이아가라 폭포에서 느꼈던 당혹감에 대해 털어놓았다. 잠자코 듣고 난 친구는 이민 와서 겪은 자신의 경험을 담담하게 얘기하기 시작했다.

남의 나라에 와서 살다보니 차별 때문에 억울할 때가 한두 번이 아니었다고 했다. 게다가 아들은 미국 아이들이 툭하면 내뱉는 "너희 나라로 돌아가라"라는 얘기에 자주 열받아 했고, 그 얘기를 듣는 친구도 가

슴이 아팠다. 하루는 많이 힘들어하는 친구에게, 상담 센터에서 카운셀링을 하는 이웃집 친구가 다음과 같이 얘기를 해주더란다.

"아무리 속상해해도 네 현실은 바뀌지 않아. 이민자들을 차별하는 사람들을 탓하지 말고 네가 할 수 있는 일을 생각해봐. 나 같으면 어떻게 하면 더 잘 정착할 수 있을지에 주력하겠어."

이웃의 말에 친구는 정신이 번쩍 들었다고 했다.

그렇다. 아무리 상대방이 바뀌기를 원해도 상대방이 변하는 것은 그 사람의 소관이지, 내가 어떻게 할 수 있는 게 아니다. 변하지 않는 상대방에게 계속 "변해라, 변해라" 하는 것은 마치 내 앞에 놓인 커다란 바위를 껴안고 씨름하는 것과 같다. 힘만 들 뿐 바위는 꿈쩍도 않는다. 이렇듯 현실에서는 나의 소망이나 의지와 상관없는 많은 일이 일어난다. 현실이 실제와 다르기를 바라는 것은 불가능한 일이다. 그리고 그렇게 되기를 바라는 한 스트레스를 받을 수밖에 없다.

물론 상대방에게 잘못이 없다는 이야기는 아니다. 하지만 그들이 가진 태도와 문제를 지적하고 바꾸라고 해도 그들이 꿈쩍도 하지 않는다면, 그 상태에서는 나 자신의 무엇인가를 바꿀 수밖에 없는 것이다. 즉 그들의 변화는 그들에게 맡기고, 나 자신은 내가 할 수 있는 일에 힘써야 하는 것이다.

그래 맞다, 의사들은 우리의 요청에도 '간호사님'이라고 부르지 않았다. 후배 간호사가 간호사로서 하지 말아야 하는 일을 한 것은 분명하다. 하지만 정작 나를 더 힘들게 했던 것은 그들에 대한 나의 생각 때문이었다. "의사들은 우리를 '간호사님'이라고 불러야 한다", "간호사는 품위를 지켜야 하고, 경험 많은 수간호사인 내가 지도하는 대로 잘 따라와야 한다"라는 집착 때문에 스트레스를 받았던 것이다.

그러니 병원 근무하는 동안 얼마나 많은 스트레스를 받았겠는가? 실제로 온몸 가득 쌓인 스트레스를 풀려고 허구한 날 근무 끝나고도 집에 갈 생각은 안 하고 동료들과 모여 불합리한 현실에 대해 거품 물며 개탄했다. 툭 하면 짐 싸들고 바다가 보이거나 경치가 좋은 숙소에 죽치고 앉아 억울한 나의 심정을 스스로 위로했다. 하지만 스트레스의 근본 원인인 '상대방이 변해야 한다'는 생각을 내려놓지 않는 이상 온갖 발버둥은 미봉책에 그칠 수밖에 없었다.

바다 같은 미시간 호수 앞에서 친구와 얘기를 나누면서, 비로소 나이아가라 폭포가 진원지인 생각의 폭풍이 조용히 잦아들었다. 덕분에 18년의 간호사 생활을 잘 마무리할 수 있었다. 폭포와 호수를 바라보면서 점점 더 지혜로워진 듯하니 역시 나는 '지자요수'에 속하나보다!

마.음
극.장

ⓒ 주혜주, 2014

초판 1쇄 2014년 2월 27일 펴냄
초판 5쇄 2024년 1월 25일 펴냄

지은이 | 주혜주
펴낸이 | 강준우
기획·편집 | 박상문
디자인 | 최진영
마케팅 | 이태준
인쇄·제본 | 지경사문화

펴낸곳 | 인물과사상사
출판등록 | 제17-204호 1998년 3월 11일

주소 | (04037) 서울시 마포구 양화로7길 6-16 서교제일빌딩 3층
전화 | 02-325-6364
팩스 | 02-474-1413

www.inmul.co.kr | insa@inmul.co.kr

ISBN 978-89-5906-250-8 03180

값 14,000원

이 도서의 국립중앙도서관 출판시도서목록(CIP)은 서지정보유통지원시스템 홈페이지
(http://seoji.nl.go.kr)와 국가자료공동목록시스템(http://www.nl.go.kr/kolisnet)에서
이용하실 수 있습니다. (CIP제어번호 : CIP2014004225)